Wolfgang Sartorius | Hans-Ulrich Weth (Hg.)

Rechtsstaat, Markt und Menschenwürde

Herausforderung Armut und Migration

W0086867

LAMBERTUS

Wolfgang Sartorius | Hans-Ulrich Weth (Hg.)

Rechtsstaat, Markt und Menschenwürde

Herausforderung Armut und Migration

LAMBERTUS

Information der Deutschen Nationalbibliothek

Die Deutsche Nationalbibliothek verzeichnet diese Publikation in der Deutschen Nationalbibliografie; detaillierte bibliografische Daten sind im Internet über http://dnb.d-nb.de abrufbar.

© 2016, Lambertus-Verlag, Freiburg im Breisgau
Umschlag: Nathalie Kupfermann, Bollschweil
Satz: Dipl. Des. Dieter Pföhler, Karlsruhe
Druck: Franz X. Stückle, Druck und Verlag, Ettenheim
ISBN: 978-3-7841-2874-0
ISBN ebook: 978-3-7841-2875-7

Inhalt

Einleitung

Im Februar 1997 veröffentlichten der Rat der Evangelischen Kirche in Deutschland und die Deutsche Bischofskonferenz gemeinsam ein „Wort zur wirtschaftlichen und sozialen Lage in Deutschland" unter dem Titel „Für eine Zukunft in Solidarität und Gerechtigkeit". Darin formulieren sie in prägnanter Weise Anforderungen an einen demokratischen Rechts- und Sozialstaat, der sich die Realisierung sozialer Gerechtigkeit und sozialen Ausgleich zum Ziel setzt: *„Nur was die Lage der Schwächeren bessert, hat Bestand. Bei allen grundlegenden Entscheidungen müssen die Folgen für die Lebenssituation der Armen, Schwachen und Benachteiligten bedacht werden. Diese haben ein Anrecht auf ein selbstbestimmtes Leben, auf Teilhabe am gesellschaftlichen Leben und an den gesellschaftlichen Chancen sowie auf Lebensbedingungen, die ihre Würde achten und schützen."*[1]

Heute, bald 20 Jahre später, ist – und dies kann gleichsam als gemeinsamer Nenner der in diesem Band versammelten Beiträge verstanden werden – nach der Aktualität und fortbestehenden Gültigkeit der damals postulierten Kriterien und Ziele zu fragen. In mancher Hinsicht haben sich die Rahmen-bedingungen und konkreten Aufgabenstellungen der Sozialpolitik seither verändert, viele Problemfelder sind aber nach wie vor virulent, haben sich sogar verschärft. Während sich 1997 die anhaltende Massenarbeitslosigkeit in Deutschland und den anderen Mitgliedstaaten der EU als drängendste politische, wirtschaftliche und soziale Herausforderung darstellte,[2] liegt die Arbeitslosenquote in Deutschland – nicht aber in allen EU-Staaten – aktuell auf einem historischen Tiefstand. Nach vorherrschender Auffassung

---

1 Kirchenamt der Evangelischen Kirche in Deutschland/ Sekretariat der Deutschen Bischofskonferenz (Hrsg.)(1997): Für eine Zukunft in Solidarität und Gerechtigkeit, Hannover/Bonn, Ziff. 41.

2 Vgl. ebd. Ziff. 49.

in Politik und Wirtschaftswissenschaft wird diese Entwicklung zumindest zum Teil auf die Wirksamkeit der sog. Hartz-„Gesetze für moderne Dienstleistungen am Arbeitsmarkt" (verabschiedet 2002/2003) zurückgeführt.

Allerdings: Heute muss festgestellt werden – und das ist nicht zuletzt eine Folge des Paradigmenwechsels hin zum „aktivierenden Sozialstaat" – Armut und prekäre Lebenslagen breiten sich im reichen Deutschland dramatisch aus.[3] Ein erheblicher und wachsender Teil der erwerbstätigen Bevölkerung findet sich in unsicheren und schlecht entlohnten Beschäftigungsverhältnissen (Niedriglöhne, befristete Arbeitsverträge, Leiharbeit, Scheinselbstständigkeit) und liegt mit seinem Arbeitseinkommen unter der Armutsgrenze (working poor). Trotz boomender Wirtschaft bleibt die Zahl der Langzeiterwerbslosen in Deutschland konstant bei über einer Million Menschen. Armut wird zunehmend in Gestalt bettelnder und obdachloser Menschen auf den Straßen sichtbar. Zugleich bildet sich mit der fortschreitenden Durchsetzung einer marktradikalen Wirtschaftspolitik am oberen Ende der Einkommens- und Vermögensskala eine extreme Kumulation und Konzentration von Reichtum heraus. Die Kluft zwischen arm und reich wächst, Lebenslagen driften auseinander und soziale Ungleichheit verfestigt sich wie lange nicht. Nicht nur die soziale Polarisierung nimmt deutlich zu, auch zwischen den Regionen in Deutschland wie auch in Europa vertiefen sich die Gräben.

Neben der Herausforderung durch Armut und soziale Ungleichheit rütteln gegenwärtig massive und vielfältige Migrationsbewegungen Gesellschaften, Staaten und Politik in Europa auf. Es sei jedoch daran erinnert, dass auch schon 1997 im „Sozialwort" der Kirchen dieses Problem thematisiert wurde: *„Kriege, Gewalt, Menschenrechtsverletzungen, Naturkatastrophen, Elend und Hunger zwingen weltweit immer mehr Menschen zum Verlassen ihrer Heimatländer. Die schnelle Zunahme und das Ausmaß von Migration, Flucht und Vertreibung in aller Welt sind zu einem der prägenden Merkmale der letzten Jahrzehnte des zwanzigsten Jahrhunderts geworden. Dies läßt auch Deutschland nicht unberührt. Die Migranten, die als Arbeitnehmer, Flüchtlinge und Asylbewerber oder auch als Aussiedler nach Deutschland kommen, sind nur ein kleiner Teil der weltweiten Wanderungsbewegung. (...) Der Umgang mit ihnen ist ein Bewährungsfeld für die Offenheit, Solidarität, Toleranz und Freiheitlichkeit der Gesellschaft."* [4]

---

3 Vgl. dazu ausführlich Butterwegge, Christoph (2012): Armut in einem reichen Land. Wie das Problem verharmlost und verdrängt wird, 3. Aufl. Frankfurt am Main/ New York.

4 Kirchenamt, a.a.O.(Fn. 1) Ziff. 90.

20 Jahre später zeigen sich Gesellschaften, Staaten und Politik gespalten in ihren Lösungsansätzen zur Bewältigung dieser Herausforderung. Neben eine verbreitete Unterstützung einer „Willkommenskultur" tritt zunehmend eine Politik der Abschottung der EU nach außen und der europäischen Nationalstaaten untereinander sowie der Restriktionen im Bereich des Aufenthalts-, Asyl- und Sozialrechts. Im Kontext der europäischen Binnenwanderung werden die Prinzipien der Freizügigkeit und Gleichbehandlung wieder häufiger in Frage gestellt.

Dies wird in allen europäischen Ländern begleitet durch ein sprunghaft wachsendes Erstarken von Bewegungen und Parteien, die sich mit rassistischen Vorurteilen, reaktionären Gesellschaftsvorstellungen und nationalistisch-rechtspopulistischen Parolen zum Sprachrohr einer verbreiteten Politikverdrossenheit machen. Darin zum Ausdruck kommende Einstellungen der Abwertung und Ausgrenzung anderer Menschen gegenüber, Dialogverweigerung und -unfähigkeit und steigende Feindseligkeit bis hin zu Gewaltbereitschaft bedrohen den Zusammenhalt der Gesellschaft und die demokratischen und rechtsstaatlichen Grundlagen unseres Gemeinwesens. Aktuelle sozialwissenschaftliche Untersuchungen weisen auf einen Zusammenhang mit einer zunehmenden Ökonomisierung aller Lebensbereiche hin: *„Spätestens seit der neoliberalen Wende in der Sozial- und Wirtschaftspolitik in den früher 1990er Jahren durchzieht die mehr oder minder explizite Bemessung der Gesellschaft nach den Prinzipien des Marktes alle Bereiche der Gesellschaft, auch jene, die vormals nicht nach Profiten und Gewinnen beurteilt wurden. (...) Die Ökonomisierung der Gesellschaft hat problematische Folgen für das soziale Zusammenleben in einer Gesellschaft."*[5]

Vor diesem Hintergrund stellt sich die Frage, wie Marktlogik und Rechts- und Sozialstaatlichkeit in eine Balance zu bringen sind, die zugleich verfassungsrechtlichen Anforderungen gerecht wird. Die Beiträge dieses Sammelbandes wollen hierzu aus unterschiedlichen fachlichen Blickwinkeln und professionellen Zusammenhängen Analysen und Impulse liefern.

Im ersten Teil werden vorwiegend aus rechtswissenschaftlicher Perspektive einige grundsätzliche Fragestellungen zur Bedeutung des (Sozial-)Rechts und rechtsstaatlicher Garantien im Kontext einer marktorientierten Transformation des sozialen Sicherungssystems behandelt. Zunächst untersucht *Hans-Ulrich Weth* die unterschiedlichen Regulierungsoptionen von Rechtsstaat und Markt bei der Gestaltung des Sozialen und arbeitet die zu beachtenden verfassungsrechtlich verbrieften Essentials der Menschenwürde heraus.

---

5 Zick, Andreas/ Küpper, Beate (2015): Wut, Verachtung, Abwertung. Rechtspopulismus in Deutschland, Bonn, S. 95.

Der Präsident des Bundessozialgerichts *Peter Masuch* betont in seinem grundlegenden Beitrag die Funktion des Rechts als soziales Bindemittel auf nationalstaatlicher wie auf supranationaler Ebene und erläutert dies an Beispielen auch für den Prozess der europäischen Integration. Bei aller Unterschiedlichkeit der sozialen Sicherungssysteme und Komplexität der europäischen Koordinationsregelwerke plädiert *Masuch* in fundierter und differenzierter Argumentation für eine Stärkung der sozialen Dimension der EU.

Maria Loheide und *Ute Kötter* nehmen in ihren Beiträgen Stellung zur aktuellen Diskussion um das Recht von EU-Bürgern und –Bürgerinnen auf soziale Grundsicherung in Deutschland. *Loheide* stellt die aktuellen Migrationsbewegungen in den Kontext der zahlreichen gesellschafts- und sozialpolitischen Herausforderungen auf deutscher und europäischer Ebene und berichtet von den Erfahrungen der sozialen Dienste der Diakonie in der Beratung von Zuwanderern in oftmals äußerst prekären Notlagen. Als Vorstandsmitglied des Diakonie-Bundesverbands bezieht sie klar Position für die Gewährleistung des Grundrechts auf das sozio-kulturelle Existenzminimum auch für hilfebedürftige EU-BürgerInnen. *Kötter* stellt zunächst die Grundlagen des gegliederten Systems des Existenzsicherungsrechts in Deutschland sowie die tragenden europarechtlichen Prinzipien der Freizügigkeit und Gleichbehandlung dar, um sich sodann mit den einzelnen Argumenten aus der aktuellen Rechtsprechung des Europäischen Gerichtshofs und des Bundessozialgerichts zur Rechtsstellung von EU-BürgerInnen im deutschen Existenzsicherungsrecht auseinanderzusetzen.

Die Entstehungsgeschichte und Zielsetzungen der sog. Hartz IV-Gesetzgebung nimmt *Wolfgang Sartorius* in den Blick und stellt dem die problematischen Erfahrungen mit der Umsetzung und Rechtsverwirklichung gegenüber, wie sie sich besonders bei der Begleitung und Unterstützung von Menschen in prekären Lebenslagen wie Wohnungsnot und Langzeitarbeitslosigkeit zeigen. *Sartorius* fordert – auch vor dem Hintergrund der aktuellen migrationspolitischen Herausforderungen – deutliche Korrekturen im Bereich der Arbeitsförderung und des Existenzsicherungsrechts sowie verstärkte Anstrengungen von Wirtschaft und Politik für die Schaffung und Erhaltung bezahlbaren Wohnraums.

Im zweiten Teil des Bandes nehmen ethisch-theologische, sozial- und diakoniepolitische Beiträge den Diskurs auf. So formuliert *Dieter Kaufmann* in seinem Text eine biblisch-theologisch begründete Ideologiekritik an der hegemonialen Ökonomisierung aller Lebensbereiche; sein Plädoyer für einen notwendigen Paradigmenwechsel mündet auch in „Hausaufgaben" für die Diakonie. Aus den Erfahrungen, Beobachtungen und Problemanzeigen in ihrer Praxis als Fachreferentin für Wohnungslosenhilfe und Schuldnerberatung entwickelt *Gabriele Kraft* Überlegungen zu einer Gesellschaft, in der mehr soziale Gerechtigkeit vor allem in den Bereichen des Bildungssystems, der Wohnraumversorgung und der materiellen Mindestsicherung verwirklicht wird.

Die Lebenslage bettelnder Menschen, ihre Motivation und Befindlichkeit, die gesellschaftliche Wahrnehmung und Bewertung des Bettelns und bettelnder Menschen – diese Aspekte der konkreten und sichtbaren Erscheinung von Armut in Deutschland sind bislang wenig thematisiert und untersucht. Umso informativer und anregender sind die Beiträge von *Stefan Gillich*, *Bettina Wilhelm* und *Wolfgang Engel*. Während *Gillich* Facetten einer sozialwissenschaftlichen und gesellschaftspolitischen Analyse aufzeigt, berichten *Wilhelm* und *Engel* konkret von ihren Erfahrungen, die sie in ihrer Stadt im Umgang mit bettelnden Menschen gemacht haben.

Bei allen Unterschieden in der fachlichen und professionellen Perspektive, im Zuschnitt und Instrumentarium der Analyse wie auch der Einschätzungen verbindet die Beiträge dieses Bandes der gemeinsame Orientierungspunkt: Achtung der Menschenwürde und Engagement für den sozialen Zusammenhalt der Gesellschaft. Entstanden ist der Sammelband aus den Vorträgen beim Fachtag Recht und Sozialpolitik der Erlacher Höhe am 22. September 2015 in Schwäbisch Hall, ergänzt um weitere Expertisen, die eigens für dieses Buch geschrieben wurden. Die Herausgeber danken allen Autorinnen und Autoren sehr herzlich für ihre wertvollen und inspirierenden Beiträge.

Rechtsstaat, Markt – und die Menschenwürde?!

Hans-Ulrich Weth

In seinem 2005 erschienenen Buch „Auslaufmodell Staat?" bezeichnet *Erhard Eppler* den demokratischen Rechts- und Sozialstaat als „eine der größten Errungenschaften der Menschheitsgeschichte" (Eppler 2005, S. 229). Diese Einschätzung wird vermutlich von vielen geteilt. Muss das also besonders betont werden?

Eppler trifft diese Feststellung in einem bestimmten Kontext: Wie der Titel seines Buches signalisiert, handelt es sich um eine grundsätzliche Auseinandersetzung mit der Frage des Funktions- und Bedeutungswandels des Staates, oder noch weitergehend: eines Funktions- und Bedeutungs-*verlustes* des Staates angesichts der sich seit geraumer Zeit zunehmend in Theorie und Praxis durchsetzenden neoliberal- marktfundamentalistischen Auffassung: So wenig Staat wie möglich und nötig, auch öffentliche Aufgaben lassen sich effektiver und besser durch private Organisationen erfüllen, das Prinzip Markt ist die überlegene Organisationsform (vgl. weiterführend dazu Weth 2008).

Für das Feld der Sozialpolitik lässt sich diese Entwicklung prägnant in die Formel fassen: „Aus dem Wohlfahrts- wird ein neoliberaler Wettbewerbsstaat" (Butterwegge 2014, S. 20). Unter dieser Perspektive werden die folgenden Überlegungen auf zwei Fragen fokussiert:

• Wie unterscheiden sich Rechtsstaat und Markt als Regulierungsoptionen bei der Organisation des Sozialen, wie passen sie zusammen – orientiert am Leitbild der Menschenwürde?

13

- Wo setzen das Gebot der Achtung der Menschenwürde und die Schutzgarantien des sozialen Rechtsstaats dem Marktprinzip bei der Organisation des Sozialen Grenzen?

‚Rechtsstaat' und ‚Markt' sind dabei verkürzte Chiffren, die für bestimmte Inhalte und Konzepte stehen, die noch näher zu beschreiben sind (dazu unten 2).

1 Leitbild Menschenwürde – Grundrecht ohne Einschränkungsvorbehalt

Maßgeblicher Bezugspunkt für die Beantwortung der Fragen ist die Leitnorm des Grundgesetzes in Art. 1 Abs. 1: „Die Würde des Menschen ist unantastbar. Sie zu achten und zu schützen ist Verpflichtung aller staatlichen Gewalt." Der absolute übergesetzliche Stellenwert, der der Menschenwürde zugemessen wird, zieht sich durch vom Verfassungsdenken der Aufklärung bis zur Rechtsprechung des Bundesverfassungsgerichts.

Kant macht in seiner „Grundlegung zur Metaphysik der Sitten" (1785) die Aussage: „Im Reich der Zwecke hat alles entweder einen Preis oder eine Würde. Was einen Preis hat, an dessen Stelle kann auch etwas anderes als Äquivalent gesetzt werden; was dagegen über allen Preis erhaben ist, das hat Würde" (zit. nach Perels 2005, S. 636).

Die von *Kant* vorgenommene Unterscheidung zwischen der ökonomischen Kategorie ‚Preis' und der philosophisch-ethischen Kategorie ‚Würde' kann m. E. für die Frage nach den Grenzen einer marktförmigen Organisation des Sozialen ein brauchbares Kriterium liefern: Es verbietet sich, einen Menschen als Träger von Menschenwürde bei der Gestaltung von Sozialleistungen oder Eingliederungsmaßnahmen in einer Kosten-Nutzen-Rechnung sozusagen „einzupreisen".

Der Staatsrechtler *Günter Dürig*, Mitbegründer eines der führenden Grundgesetz-Kommentare, sah die Menschenwürde verletzt, wenn „der konkrete Mensch zum Objekt, zu einem bloßen Mittel, zur vertretbaren Größe herabgewürdigt wird" (zit. nach Perels 2005, S. 647). Das Bundesverfassungsgericht leitet aus der Menschenwürde einen sozialen Wert- und Achtungsanspruch des Menschen her, der es verbietet, „den Menschen zum bloßen Objekt des Staates zu machen oder ihn einer Behandlung auszusetzen, die seine Subjektqualität prinzipiell in Frage stellt" (BVerfGE 87, 209 [228]). Mit der Begründung „Der Staat hat nicht die Aufgabe, seine erwachsenen Bürger zu bessern …" (BVerfGE 22, 180 [219]) hat das Bundesverfassungsgericht die in einer früheren Fassung des Bundessozial-hilfegesetzes vorgesehene Möglichkeit einer zwangsweisen Unterbringung von „Arbeitsunwilligen" in Arbeitshäusern für verfassungswidrig erklärt. Ist nicht auch im Sanktionensystem des SGB II, das bei Strafe des teilweisen oder vollständigen Entzugs des Existenzminimums auf Disziplinierung und Verhaltensänderung abzielt, eine solche unzulässige „Besserungsabsicht" zu erkennen?

Auf einen weiteren Aspekt hat schon *Friedrich Schiller* aufmerksam gemacht mit seiner Forderung: „Zu essen gebt ihm, zu wohnen; habt ihr die Blöße bedeckt, gibt sich die Würde von selbst" (zit. nach Perels 2005, S. 637). Die Gewährleistung der materiellen Grundbedürfnisse als Fundament eines menschwürdigen Lebens hat auch das Bundesverfassungsgericht mit seinen Regelsatz-Entscheidungen (Urteil vom 9.2.2010 – 1 BvL 1/09, 1 BvL 3/09, 1 BvL 4/09 – und Beschluss vom 23.7.2014 – 1 BvL 10/12, 1 BvL 12/12, 1 BvR 1691/13) anerkannt.

Begründet aus Art. 1 Abs. 1 GG in Verbindung mit dem Sozialstaatsprinzip des Art. 20 Abs. 1 GG umfasst das moderne Grundrecht auf Gewährlei-stung eines menschenwürdigen Existenzminimums aber – über *Schillers* Vorstellungen hinausgehend – nicht nur die Sicherstellung der physischen Existenz des Menschen, sondern auch die Mittel für ein Mindestmaß an Teilhabe am gesellschaftlichen, kulturellen und politischen Leben, „denn der Mensch als Person existiert notwendig in sozialen Bezügen" (BVerfG 2010, Rz. 135). Zudem betont das Bundesverfassungsgericht, dass der Schutzgehalt des Art. 1 Abs. 1 GG unmittelbar verlangt, dass die Gewährleistung dieses menschenwürdigen Existenzminimums durch einen einklagbaren gesetzlichen Anspruch des Bürgers gesichert sein muss. „Ein Hilfebedürftiger darf nicht auf freiwillige Leistungen des Staates oder Dritter verwiesen werden, deren Erbringung nicht durch ein subjektives Recht des Hilfebedürftigen gewährleistet ist" (a.a.O., Rz. 136).

Als Maßstab für die Regulierungsoptionen von Rechtsstaat und Markt bei der Gestaltung des Sozialen lassen sich die folgenden verfassungsrechtlich garantierten Essentials der Menschenwürde festhalten:

• Das Grundrecht auf Achtung der Menschenwürde ist unverfügbar, nicht relativierbar, ohne Einschränkungsvorbehalt (anders als die anderen Grundrechte). Die Menschenwürde ist auch „migrationspolitisch nicht zu relativieren" (BVerfG, Urteil vom 18.7.2012 – 1 BvL 10/10, 1 BvL 2/11, Rz. 121).

- Die Würde des Menschen macht ihn „über allen Preis erhaben" (*Kant*). Das verbietet Kosten-Nutzen-Berechnungen der Menschenwürde.

- Menschenwürde und das Freiheitsrecht aus Art. 2 Abs. 1 GG garantieren dem Individuum Autonomie und selbstbestimmte Lebensführung.

- Schutz und Achtung der Menschenwürde geben nicht nur ein Recht auf Abwehr staatlicher Eingriffe, sondern auch ein Recht auf Teilhabe am gesellschaftlichen, kulturellen und politischen Leben.

- Menschenwürde verbietet die Degradierung des Menschen zum Objekt staatlicher Maßnahmen; vielmehr verlangt sie, ihm einen Status als Rechtssubjekt mit gerichtlich durchsetzbaren Rechtsansprüchen zu gewähren.

2 Rechtsstaat und Markt: Unterschiedliche Regulierungsoptionen bei der Organisation des Sozialen

Rechtsstaat und Markt sind Chiffren, die für unterschiedliche Regulierungsoptionen, Inhalte, Steuerungskonzepte und Strategien bei der Organisation des Sozialen stehen.

Sie lassen sich, stark vereinfacht und typisierend, charakterisieren:

Der soziale Rechtsstaat will seine Zielsetzung der Absicherung allgemeiner sozialer Risiken und des Ausgleichs gesellschaftlich und ökonomisch begründeter Disparitäten mit dem klassischen rechtlichen Steuerungsinstrumentarium von Gesetzen, Verordnungen, Richtlinien und Letztentscheidung durch Gerichte realisieren. Dem marktorientierten Wettbewerbsstaat mit seinem betriebswirtschaftlichen, auf Wirtschaftlichkeit, Effizienz und Effektivität ausgerichteten Steuerungsinstrumentarium geht es dagegen darum, die Eigenverantwortung seiner als Kunden bezeichneten Adressaten zu stärken, sie für den Arbeitsmarkt zu aktivieren und sie durch die Befähigung zur Aufnahme von Erwerbsarbeit unabhängig von Sozialleistungen zu machen.

Seit geraumer Zeit, insbesondere durch die Umsetzung der sog. Hartz-Gesetze, die unter dem Label „Moderne Dienstleistungen am Arbeitsmarkt" firmieren, verschiebt sich die Steuerungslogik zwischen den genannten Polen.

Noch findet der Umbau des Sozialleistungssystems sozusagen im Gebäude des sozialen Rechtsstaats statt, es kommen aber verstärkt Prinzipien der Marktlogik, betriebswirtschaftliche Arbeitsmethoden und entsprechend agierendes Personal zum Einsatz.

Einige Elemente des Umbaus seien benannt:

Es ist schon bezeichnend, dass die ursprüngliche von 2005 bis 2011 geltende Fassung des § 1 SGB II nicht (mehr) als Ziel die gesetzliche Verpflichtung enthielt, den Leistungsberechtigten mit der Grundsicherung ein Leben zu ermöglichen, das der Würde des Menschen entspricht. Obwohl sich inzwischen wieder ein entsprechender Passus im Gesetzestext findet, hat dies nichts an der vorrangigen Ausrichtung des SGB II auf Eigenverantwortung und die Verpflichtung zur Verringerung der Hilfebedürftigkeit durch Aufnahme jedweder Erwerbstätigkeit geändert.

Statt einer Hilfe zur Arbeit (wie sie bis 2004 im Bundessozialhilfegesetz vorgesehen war) wird die Bereitschaft zur Übernahme fast jeder Arbeit (auch unterhalb der üblichen arbeitsrechtlichen Standards) als Gegenleistung für die Gewährung des Lebensunterhalts verlangt (workfare). Diese gesetzliche Verpflichtung eröffnet das Feld für die breite Durchsetzung prekärer Beschäftigung am Arbeitsmarkt.

Eingliederungsvereinbarungen gem. § 15 SGB II sind kein Vertrag auf Augenhöhe, sondern können vom „Fallmanager" ggfs. als Eingliederungsverwaltungsakt einseitig durchgesetzt werden. Die mit diesen Instrumenten beabsichtigte und praktizierte sozialtechnologische Verhaltenssteuerung erleben die Betroffenen als Bevormundung und Autonomieverlust.

Auf der Ebene der Regelbedarfsermittlung und -bemessung durch Pauschalen wird das soziokulturelle Existenzminimum billig gerechnet. Es werden nicht die tatsächlichen Bedarfe abgebildet (z.B. werden Kosten für Pflanzen, Tierhaltung, Geschenke und alkoholische Getränke trotz weiter Verbreitung in der Bevölkerung nicht berücksichtigt). So sind nach Berechnungen der Diakonie Deutschland die Regelsätze um 70 € zu niedrig angesetzt(vgl. Diakonie 2015, S. 13). Damit fehlen erhebliche Mittel als „Flexibilitätsreserve", wie sie das Bundesverfassungsgericht für internen Ausgleich der Bedarfe untereinander für erforderlich hält (Beschluss vom 23.7.2014, Rz. 115).

Es etabliert sich infolgedessen eine nicht-staatliche „Almosen-Fürsorge", in deren Angeboten wie Tafelläden, Kleiderkammern, Suppenküchen etc. Arbeitslosengeld II-BezieherInnen, MigrantInnen, von Altersarmut Betroffene und prekär Beschäftigte ihre Grundversorgung decken müssen (vgl. dazu Diakonie 2010).

Auch die von den Jobcentern anerkannten Mietobergrenzen liegen häufig unterhalb der tatsächlich zu zahlenden Mieten. Der strukturelle Mangel an bezahlbarem Wohnraum, bedingt durch marktideologische Fehlsteuerung von Wohnungswirtschaft und -politik, muss so von den Menschen am Existenzminimum ausgebadet werden.

Darlehen für Mietkautionen werden durch Abzüge vom Regelsatz monatlich mit 10 Prozent getilgt, obwohl hierfür kein entsprechender Ansparbetrag im Regelbedarf enthalten ist.

Das starre und überzogene Sanktionsinstrumentarium des SGB II verfolgt eine „schwarze Pädagogik" der Disziplinierung und Verhaltenssteuerung bei Strafe des teilweisen oder vollständigen Entzugs des Existenzminimums. Dieser Ansatz, für den zudem jeder wissenschaftliche Beleg für einen positiven Effekt fehlt, verstößt gegen die Menschenwürde, bewirkt unverhältnismäßige negative Folgen und nimmt Verelendung und Wohnungslosigkeit in Kauf.

Die inzwischen elfjährige Geschichte von Hartz IV ist in markanter Weise begleitet und geprägt von rechtlichen Auseinandersetzungen – mehr als andere Sozialleistungsgesetze. Dabei ging und geht es letztlich immer wieder auch um die Verschlechterung der Rechtspositionen der Leistungsberechtigten durch Verwaltungspraxis und Gesetzgeber. Immer wieder waren Korrekturen durch die Sozialgerichte erforderlich. Nach deren Entscheidung bestimmter Fragen zugunsten der Leistungsberechtigten hat dann der Gesetzgeber das SGB II entsprechend zu ihren Lasten geändert (so z.B. bei § 39 SGB II: keine aufschiebende Wirkung von Widerspruch und Anfechtungsklage gegen Jobcenter-Bescheide, bei § 31 SGB II: irgendwie erlangte „Kenntnis der Rechtsfolge" statt schriftlicher Rechtsfolgenbelehrung reicht für Sanktionsverhängung, Tilgung von Mietkautionsdarlehen durch Aufrechnung).

Auch im Entwurf eines sog. SGB II-Rechtsvereinfachungsgesetzes, das gegenwärtig parlamentarisch beraten wird (Bundestag-Drucksache 18/8041), sind weitere verfahrensrechtliche Restriktionen für die Leistungsberechtigten geplant (so sollen z.B. die Tatbestände für Ersatzansprüche bei sozialwidrigem Verhalten in § 34 SGB II ausgeweitet werden und ein Nachzahlungsanspruch für rechtswidrig vorenthaltene Leistungen gem. § 44 SGB X entfallen).

Im Bereich des Asylbewerberleistungsgesetzes wird – dem Urteil des Bundesverfassungsgerichts vom 18.7.2012 zum Trotz – die danach ab Beginn des Aufenthalts in der Bundesrepublik Deutschland zu realisierende „einheitlich zu verstehende menschenwürdige Existenz" (BVerfG a.a.O., Rz. 120) mit der jüngsten Verschärfung im sog. Asyl-Paket II erneut migrationspolitisch relativiert (vgl. Voigt 2016).

3 Keine Zweiklassen-Menschenwürde

Ist Menschenwürde für arme Menschen etwa doch eine „Preis-Frage"? Beim Umbau des Wohlfahrtsstaates zum marktförmig organisierten Wettbewerbsstaat ist die Achtung der Menschenwürde der Menschen, die auf existenzsichernde Unterstützung angewiesen sind, auf der gesetzlichen Ebene wie auch auf der Ebene des Verwaltungshandelns vielfach gefährdet. Häufig sind sozialgerichtliche Interventionen erforderlich. Die formellen und materiellrechtlichen Rechtspositionen der Leistungsberechtigten im SGB II-Bereich sind zur Wahrung ihrer Menschenwürde existenziell notwendig. Die Achtung der Menschenwürde braucht ein (zivil)gesellschaftliches, materielles und rechtsstaatliches Fundament. „Der (soziale) Rechtsstaat hängt nicht irgendwo in der Luft. Er ist eine Funktion des Staates, den Bürger aufbauen, bilden und stützen müssen" (Eppler 2005, S. 98).

Literatur

Butterwegge, Christoph (2014): Sozialstaatsentwicklung, Armut und Wohnungslosigkeit, in: Keicher, Rolf/ Gillich, Stefan (Hrsg.): Wenn Würde zur Ware verkommt, Wiesbaden, S. 19–31.

Diakonie Deutschland – Evangelischer Bundesverband Evangelisches Werk für Diakonie und Entwicklung e.V. (Hrsg.)(2010): „Es sollte überhaupt kein Armer unter Euch sein" (5. Mose 15, 4). Tafeln im Kontext sozialer Gerechtigkeit, Diakonie Texte 03.2010, Berlin.

Diakonie Deutschland (Hrsg.) (2015): Zehn Jahre Hartz IV – zehn Thesen der Diakonie. Menschenwürde und soziale Teilhabe in der Grundsicherung verwirklichen, Diakonie Texte 05.2015, Berlin.

Eppler, Erhard (2005): Auslaufmodell Staat?, Frankfurt/M.

Perels, Joachim (2005): Die Würde des Menschen ist unantastbar. Entstehung und Gefährdung einer Verfassungsnorm, in: Bub, Wolf-Rüdiger et al. (Hrsg.): Zivilrecht im Sozialstaat, Baden-Baden, S. 635–649.

Voigt, Claudius (2016): Asylbewerberleistungsgesetz: Feindliche Übernahme durch das Ausländerrecht, in: info also 3/2016, S. 99–107.

Weth, Hans-Ulrich (2008): Neoliberaler Fundamentalismus und die Erosion des Sozialen, in: Sanders, Karin/ Weth, Hans-Ulrich (Hrsg.): Armut und Teilhabe. Analysen und Impulse zum Diskurs um Armut und Gerechtigkeit, Wiesbaden, S. 27–42.

Weth, Hans-Ulrich (2010): Weniger Rechtsstaat für Arme? In: Gillich, Stefan/ Nagel, Stephan (Hrsg.): Von der Armenhilfe zur Wohnungslosenhilfe – und zurück?, Gründau-Rothenbergen, S. 160–172.

Stärkung der sozialen Dimension der EU: cui bono?

Peter Masuch

Die Frage ist, zu wessen Nutzen oder Lasten die Stärkung der sozialen Dimension der Europäischen Union gehen kann. Geht sie womöglich zulasten unseres gut aufgestellten Sozialstaats? Der Antwort möchte ich mich in drei Schritten nähern. Zunächst soll skizziert werden, was den deutschen Sozialstaat ausmacht, auch um ihn einem kurzen europäischen Vergleich zu unterziehen. Im Anschluss wollen wir untersuchen, wie weit die europäische Integration auf dem sozialen Sektor schon fortgeschritten ist und welche Auswirkungen auf den deutschen Sozialstaat schon jetzt bestehen. Abschließend soll geschaut werden, wohin die Reise gehen könnte – und sollte.

Zum ersten Punkt. Unser seit 1945 aufblühender sozialer Rechtsstaat ist in Art. 20 Abs. 1 des Grundgesetzes verankert: Ein Gestaltungsauftrag an den demokratischen Gesetzgeber. Seine Wurzeln reichen aber tief, bis ins deutsche Kaiserreich nach 1871. Und diese Wurzeln waren fest: 1881 erging die sog. kaiserliche Botschaft, der die Errichtung der klassischen Zweige der Sozialversicherung folgte. Diese sozialstaatlichen Institutionen überdauerten in der Folgezeit die Weimarer Republik, das Dritte Reich und die Phase der Besatzung nach Kriegsende, mithin grundstürzende Systemwechsel. Dies begründet ein Vertrauen in den deutschen Sozialstaat, das als tiefer verankert angesehen werden kann als etwa das Vertrauen in die Politik an sich.

Kontinuität und Tradition[1] haben nach 1945 den Fortbestand der Sozial-versicherung geprägt und in Deutschland trotz des NS-Zivilisationsbruchs zu einem Identitätsbewusstsein beitragen können. Das Sozialrecht erwies sich damit kraft seiner Einbettung in das verfassungsrechtliche Sozial-staatsprinzip als Mittel, einen Versöhnungsprozess einzuleiten. So konnten gegensätzliche soziale Energien in friedliche, integrierende und stabili-sierende Anpassungen münden.[2] Und wenn das Recht heute als verbin-dende Kraft unserer Gesellschaft angesehen wird, wie der Finanzrechtler Prof. Uwe H. Schneider treffend ausführte[3], so gilt dies im Besonderen für die sozialen Rechte.

Die Frage der Bewährung und Bewahrung in Zeiten der Globalisierung ist damit in jedem Fall berechtigt. Einflüsse von außen sind aber nichts neues, und dabei meine ich nicht nur wirtschaftliche. Schon im Nachkriegs-deutschland fehlte es nicht an Reformimpulsen, hier von den Alliierten ausgehend. Am prominentesten erschienen sie in Gestalt des Beveridge-Plans, der schon Vorbild für die soziale Sicherheit in Großbritannien war. Er sah eine im Wesentlichen aus Steuermitteln finanzierte, relativ egalitäre Einheitsversicherung vor, die alle Bürger erfassen sollte – allerdings mit niedrigen Leistungen. In Westdeutschland konnte sich dieser Ansatz schon angesichts der überkommenen Institutionen – ein Restbestand nationalen Stolzes – nicht durchsetzen. Auf der Suche nach einer „best practice", auf die wir noch zu sprechen kommen werden, wurde aber in den frühen fünfziger Jahren über den deutschen Tellerrand nach London geschaut.

Früchte dieser Analysen waren beispielsweise Einsichten über die Zusam-menhänge von Wirtschafts-, Finanz- und Sozialpolitik. Auch das Konzept des Generationenvertrags mit der Abkehr von der Kapitaldeckung, die die Grundlage der großen Rentenreform von 1957 schuf, wurde hierdurch inspiriert.[4]

Heute sind 90 Prozent aller Deutschen sozialversichert, annähernd 30 Prozent unseres Bruttoinlandsprodukts werden als Sozialleistungen generiert. Dies ist das im übertragenen Sinne in unseren sozialen Frieden investierte Kapital.

---

1 Die Frage `"Stunde Null" oder Kontinuität?´ beantwortet Stolleis im Sinne der zweiten Alternative (Geschichte des Sozialrechts in Deutschland, Stuttgart 2003, S. 209 ff. <zitiert als: Stolleis>).

2 Vgl. Benda, in: Benda/Maihofer/Vogel (Hrsg.), 2. Auflage, Berlin/New York 1994, § 17 Rn. 105 f.

3 Ders., in: Hennerkes/Augustin (Hrsg.), Wertewandel mitgestalten, 4. Auflage, Freiburg/Basel/Wien 2014, S. 534.

4 Hierzu Hockerts, in: Der deutsche Sozialstaat, Göttingen 2011, S. 43, 47, 56 f.

Und, wollte man im wirtschaftlichen Bilde bleiben, die Systemrelevanz dieses Sektors liegt auf der Hand.

So stellte auch der Historiker Prof. Edgar Wolfrum auf die Frage, warum bei uns trotz jahrzehntelanger Massenarbeitslosigkeit, trotz eines gewissen Reformstaus und trotz Integrationsproblemen keine Vorstädte brennen – wie schon in England und Frankreich geschehen[5] – fest: „*Wir haben nicht solch dramatische soziale Unterschiede, keine Klassengegensätze. Wir sind ein Land des Maßes. ... Dass wir keine brennenden Vorstädte haben, liegt aber auch an einer klugen Kommunalpolitik, die seit den 50er Jahren darauf geachtet hat, dass in unseren Städten keine Ghettos und keine Slums entstanden sind.*"

Dies zeigt, dass ein sozialer Rechtsstaat, wie wir ihn haben, mehr umfasst als die Organisation von Wohlfahrt. Neben der von Wolfrum angesprochenen Daseinsvorsorge schließt er auch den von den Sozialpartnern verantworteten Arbeitsmarkt ein. Er beschränkt sich damit nicht auf die soziale Sicherheit, indem er Bereiche wie die Koalitionsfreiheit, Tarifautonomie oder Betriebsverfassung berücksichtigt.

In diesem Zusammenhang kann auch die Berechtigung von Arbeitgeberverbänden und Gewerkschaften, Sozialverbänden usw. genannt werden, Vorschläge für ehrenamtliche Richter zu machen. Sie wirken in der Arbeits- und in der Sozialgerichtsbarkeit in allen drei Instanzen an der Entscheidungsfindung mit. Auch das prägt die Lebensnähe der Rechtsprechung. Man kann sagen, dass sozialer Rechtsstaat und Sozialrechtsprechung „eineiige Zwillinge" sind. Hierauf weise ich hin, weil das Recht für die Bevölkerung akzeptabel sein muss. Und dass es in jedem Fall der Durchsetzung bedarf, ist selbstverständlich. Dabei ist es auf fähiges Personal in Verwaltung und Rechtsprechung angewiesen, das mit Fach- und Sozialkompetenz ausgestattet ist.

Ich komme zum zweiten Punkt. Werfen wir nun einen kurzen Blick auf die Systeme sozialer Sicherung in anderen europäischen Staaten. Dabei möchte ich mich auf die Bereiche beschränken, auf die wir noch zurückkommen werden.

Beginnen wir beim Kindergeld. Entsprechende Leistungen gibt es in allen Mitgliedstaaten. Zum Teil sind sie – wie bei uns – steuerfinanziert. Andere Modelle, wie in Italien, setzen auf Beiträge der Arbeitgeber, wie es in Deutschland bei der Wiedereinführung im Jahre 1954 auch der Fall war. Unter anderem in Griechenland sind Beiträge von Arbeitgebern und Arbeit-

---

5 „Wir sind ein Land des Maßes", HNA vom 17.5.2014.

nehmern zu zahlen. Daneben existieren noch weitere Mischformen. Auch der Höhe nach unterscheiden sich die Leistungen in den Mitgliedstaaten erheblich. Rechnet man sämtliche Leistungen für Familie und Kinder zusammen, ergeben sich für das aktuell verfügbare Jahr 2011 Beträge zwischen nicht ganz 80 Euro je Einwohner und Jahr in Bulgarien, Litauen und Rumänien bis hin zu fast 2600 Euro in Luxemburg. Deutschland liegt um die 900 Euro, der EU-Durchschnitt bei etwa 500 Euro.[6] Das Kindergeld allein macht in Polen zwischen 18 und 27 Euro monatlich aus.[7]

Auch im Bereich der Krankenversicherung existieren Unterschiede in der Finanzierung durch Steuern oder Beiträge und bei der Einordnung, wer versicherungspflichtig ist. Im Leistungsrecht hat sich das in Deutschland praktizierte Sachleistungsprinzip, bei dem die Versicherten einen Direktanspruch auf die medizinischen Leistungen besitzen, überwiegend durchgesetzt. Belgien, Frankreich und Luxemburg verfahren dagegen nach dem Kostenerstattungsprinzip, wie wir es hier bei uns für Privatversicherte kennen. Nach dem Vorbild Großbritanniens haben einige Staaten einen öffentlichen Gesundheitsdienst eingeführt.[8] Die Standards der medizinischen Versorgung differieren freilich deutlich. Dies hat strukturelle Gründe, wie sie sich etwa in längeren Wartezeiten auf notwendige Behandlungen oder in Qualitätsunterschieden ausdrücken. Unterschiede finden sich aber auch im Leistungskatalog, und zwar bis hin zur Rationierung. Hier sei an die eingeschränkte Versorgung älterer Menschen, etwa mit künstlichen Hüftgelenken, in Großbritannien erinnert.

Den Überblick beenden möchte ich mit einer Betrachtung der Arbeitslosenversicherung. Entsprechende Versicherungssysteme bestehen auch in diesem Bereich in allen Mitgliedstaaten. Soweit es sich nur in Dänemark und Schweden um eine freiwillige Versicherung handelt, gehören ihr dennoch die Mehrzahl der Arbeitnehmer und Selbständigen an. Die Finanzierung erfolgt überwiegend durch Beiträge, gegebenenfalls ergänzt durch Steuermittel.

Ausschließlich steuerfinanziert ist das System nur in Luxemburg, gar keinen Steuerzuschuss gibt es u. a. in Großbritannien. Die Anspruchsvoraussetzungen für das Arbeitslosengeld sind in den Mitgliedstaaten weitestgehend identisch. Hier sind eine – wenn auch unterschiedlich lange – Vorversicherungs-

---

6   Bundesministerium für Arbeit und Soziales, Sozialkompass Europa, 5. Auflage, Bonn 2014, S. 1¦3 (zit. als Bundesministerium für Arbeit und Soziales).

7   Aus dem System der EU zur gegenseitigen Information über den sozialen Schutz (MISSOC).

8   Bundesministerium für Arbeit und Soziales, S. 119 ff.

zeit, die Bereitschaft zur Aufnahme zumutbarer Arbeit, der Nachweis von Eigenbemühungen und die Unfreiwilligkeit der Arbeitslosigkeit zu nennen. Der Höhe nach orientiert sich die Leistung zumeist am vorigen Entgelt, wobei sich der Leistungssatz zwischen 90 Prozent in Dänemark und 40 Prozent in Estland bewegt. Unter anderem in Großbritannien wird jedoch ein Festbetrag gezahlt, wir erinnern uns an den Beveridge-Plan und die egalitäre Einheitsversicherung.

Im Anschluss an das nur für eine begrenzte Zeit geleistete Arbeitslosengeld oder als Aufstockungsleistung wird eine meist steuerfinanzierte Grundsicherung wie bei uns das Arbeitslosengeld II gezahlt. Es besteht in der Regel keine Anknüpfung an das vorher bezogene Entgelt, Ziel ist die Sicherstellung des Existenzminimums. Im Übrigen ist es auch hier nicht der Zugang zu den Leistungen, der die Unterschiede ausmacht, sondern deren Höhe. Für ein Paar mit zwei Kindern liegen sie in Rumänien bei 80 Euro. Auch wenn man die Zahlen schon wegen des anderen Preisniveaus, möglichen ergänzenden Leistungen oder kostenfreien Zugängen nicht ohne weiteres auf den Cent genau mit den hiesigen Leistungen vergleichen kann, zeigen sich doch erhebliche Verwerfungen. Betrachtet man die jährlichen Gesamtausgaben für den sozialen Schutz in den Mitgliedstaaten kaufkraftbereinigt, liegt Rumänien bei etwa 2000 Euro, Deutschland bei fast 9000 Euro und Luxemburg bei über 13 000 Euro.[9]

Was sagen uns die Beispiele und welche Schlüsse lassen sie für unsere Ausgangsfrage zu? Kann die Stärkung der sozialen Dimension der Europäischen Union zulasten des deutschen Sozialstaats gehen, oder ist sie – im Gegenteil – notwendig? Gewiss, das Leistungsniveau in Deutschland ist vergleichsweise hoch, das soziale Netz engmaschig. Dies könnte zu Befürchtungen Anlass geben, dass in einem gut ausgebauten Mitgliedstaat wie unserem die Stärkung der sozialen Dimension der Union nur mit Einschnitten einhergehen kann, eine Angleichung also hin zum niedrigeren Stand erfolgt. Aber liegt es denn andererseits nicht auf der Hand, dass eine Gemeinschaft auf überstaatlicher Ebene eine bewusst gestaltete soziale Dimension nötig hat, und sich eben nicht auf die Regulierung von Wirtschaftsmärkten beschränken darf? Denn unser Sozialmodell wird in einer sozialfeindlichen Umwelt kaum bestehen können. Sozialstaaten schaffen unterschiedliche sozial- und fiskalpolitische Standards, welche auch die Standortbedingungen der Staaten prägen. Die Stärkung der sozialen Dimension der EU ist damit ein notwendiger Schritt. Hierfür will ich Beispiele anführen, die den Status Quo beschreiben:

---

9   Bundesministerium für Arbeit und Soziales, S. 95.

Im Juni 2012 hat der Europäische Gerichtshof[10] in Luxemburg auf Grundlage der Verordnung 883/2004, die die Systeme der sozialen Sicherheit koordiniert – also annähert –, eine vielbeachtete Entscheidung zum Kindergeldrecht getroffen. Danach können EU-Ausländer, die in Deutschland unbeschränkt einkommensteuerpflichtig arbeiten, auch für ihre im Ausland lebenden Kinder Anspruch auf Kindergeld geltend machen. Das im anderen Mitgliedstaat gezahlte Kindergeld wird darauf angerechnet, für Polen also die bereits genannten bis zu 27 Euro. Eine erhebliche Steigerung der Anträge ausländischer Eltern bei den deutschen Kindergeldkassen war die Folge des Urteils.

Auch wenn die Gesamtsumme der zu leistenden Zahlungen von uns verkraftet werden kann und wir nicht vergessen dürfen, dass Kindergeld hier ja aus Steuermitteln aufgebracht wird, zu denen die sog. Wanderarbeitnehmer auch ihren Beitrag leisten, zeigt dieses Beispiel doch zwei Dinge: Erstens: Schon heute sind die Sozialsysteme miteinander verflochten. EU-Recht verpflichtet die Mitgliedstaaten, den internationalen Geltungsbereich ihres Sozialrechts einheitlich zu bestimmen und dessen europäische Wirksamkeit zu sichern. Und zweitens: Gelänge es, die sozialen Standards in den Mitgliedstaaten zu steigern, wäre nicht nur im Kindergeldfall die auszugleichende Differenz geringer. Das alles ist Zukunftsmusik und gewiss: das alles muss eine entsprechende wirtschaftliche Basis haben. Von einer Stärkung der sozialen Dimension der EU könnten aber wichtige Anstöße ausgehen.

Im Krankenversicherungsrecht gilt, dass ein Sozialversicherter u. a. dann Krankenhausbehandlung im EU-Ausland in Anspruch nehmen kann, wenn er sie im Wohnsitzmitgliedstaat aufgrund des Fehlens von Medikamenten und grundlegendem medizinischen Material nicht rechtzeitig erhalten kann.[11].Erforderlich hierfür ist eine Genehmigung des Sozialversicherungsträgers im Wohnsitzstaat. Soweit, so gut. Doch bei einer Fachtagung des Deutschen Sozialrechtsverbands zum Thema „Die Europäische Union, die Freizügigkeit und das deutsche Sozialleistungssystem" im Bundessozialgericht erfuhren wir, dass ausländische Träger die Auslandsbehandlung mitunter genehmigen, Zahlungen aber ausbleiben. Das Stichwort lautet hier, dass das Recht auch durchsetzbar sein muss. Klar ist aber auch, dass die Stärkung der sozialen Dimension der EU dazu beitragen könnte, die medizinische Versorgung europaweit mit einem akzeptablen Standard auszustatten.

---

10 Urteil vom 12.6.2012, C-611/10 (Hudzinski) und C-612/10 (Wawrzyniak).
11 EuGH vom 9.10.2014, Rs. C-268/13 (Petru).

Als letztes Beispiel soll die Problematik der Zahlung von Arbeitslosengeld II an EU-Ausländer angeführt werden.

Wie Sie ja sicher gehört haben, hat der Gerichtshof der Europäischen Union am letzten Dienstag, den 15. September 2015, entschieden, dass die Weigerung, Unionsbürgern, deren Aufenthaltsrecht in einem Aufnahmemitgliedstaat sich allein aus dem Zweck der Arbeitssuche ergibt, bestimmte „besondere beitragsunabhängige Geldleistungen" zu gewähren, die auch eine Leistung der „Sozialhilfe" darstellen, nicht gegen den Grundsatz der Gleichbehandlung verstößt. Bereits am 11. November 2014 hatte der Gerichtshof befunden, dass das sog. Hartz IV nicht an Ausländer zu zahlen ist, deren Einreise lediglich zum Zwecke des Bezugs von Sozialleistungen erfolgte.[12]

In Politik und Medien wurde im Zusammenhang mit diesem Thema von Sozialtourismus gesprochen. Der Begriff wurde zum Unwort des Jahres 2013, und gern mache ich mir die Begründung hierzu zu eigen:

„Das Grundwort ‚Tourismus' suggeriert in Verdrehung der offenkundigen Tatsachen eine dem Vergnügen und der Erholung dienende Reisetätigkeit. Das Bestimmungswort ‚Sozial' reduziert die damit gemeinte Zuwanderung auf das Ziel, vom deutschen Sozialsystem zu profitieren. Dies diskriminiert Menschen, die aus purer Not in Deutschland eine bessere Zukunft suchen, und verschleiert ihr prinzipielles Recht hierzu."[13] So die Ausführungen der Sprachkritischen Aktion „Unwort des Jahres".

Fakt ist, dass sich in den ersten drei Monaten jeder EU-Bürger ohne Vorbedingungen in einem anderen EU-Land aufhalten darf. Arbeitsuchende genießen ohne Bedingungen sechs Monate ein Recht zum Aufenthalt. Es verlängert sich, wenn die Betroffenen weiterhin eine Beschäftigung suchen und eine „begründete Aussicht" auf Arbeit besteht. Und den Menschen, die sich hier aufhalten, das Existenzminimum zu sichern, ist unsere aus der Verfassung folgende Pflicht. Von einer Stärkung der sozialen Dimension der EU, die in den Heimatländern höhere soziale Standards etabliert, könnte Deutschland also profitieren. Es kommen Menschen zu uns, die zu uns kommen wollen, und nicht Menschen, die glauben, zu uns kommen zu müssen.

Den geschilderten Beispielen gemein ist die Einordnung der Bundesrepublik als vorbildlicher Sozialstaat. Mahnend will ich an dieser Stelle aber ins

12 Urteil vom 11.11.2014, C-333/13 (Dano).

13 Pressemitteilung der Sprachkritischen Aktion „Unwort des Jahres" vom 11.1.2014.

Bewusstsein rufen, dass Deutschland vor gut zehn Jahren noch als „Kranker Mann Europas" gesehen wurde. Die Einnahme der anderen Perspektive sollte daher immer im Auge behalten werden.

Führt also an einer Stärkung der sozialen Dimension Europas kein Weg vorbei, so ist freilich noch offen, wie sie erfolgen soll. Der Göttinger Rechtslehrer Prof. Frank Schorkopf[14] hat mit Blick auf die Europäische Union in der „Juristenzeitung" dargelegt, dass die für unser aller Verständnis der Entwicklung Europas leitenden Wissenschaften, nämlich die Geschichts- und die Politikwissenschaften, nicht ausreichend verstanden hätten, dass die europäische Einigung als Prozess der „Integration durch Recht" vollzogen wurde. Recht ist danach nicht nur der Gegenstand der europäischen Politik, ihr Objekt, wenn z.B. zur Vermeidung geschlechtsbedingter Diskriminierung im Arbeitsleben dazu verbindliche, unser nationales Recht überformende Richtlinien erlassen werden.

Es geht weiter, Recht hat sich zum Instrument der europäischen Einigung selbst entwickelt, ist zu einem bedeutenden Medium der politischen Entwicklung in der Union geworden. Recht ist damit ein soziales Bindemittel auf nationalstaatlicher wie auf supranationaler Ebene und auch die Stärkung der sozialen Dimension der EU kann sich nur in den Bahnen des Rechts entwickeln. Eingangs habe ich aber schon darauf hingewiesen, dass das Recht am Ende von den Menschen akzeptiert werden muss.

Und wenn man die europäische Integration vor allem als Prozess der Integration durch Recht versteht, steht und fällt mit der Akzeptanz des europäischen Rechts die Zustimmung zur Europäischen Union. Dabei meine ich nicht solche Verordnungen aus Brüssel wie zu Glühbirnen oder Staubsaugern, die für den Einen oder Anderen vielleicht ärgerlich anmuten. Bedeutend werden diese Überlegungen, wenn es ans Eingemachte geht, und hier sind die sozialen Rechte in exponierter Position.

Das konnten wir bei der Griechenlandfrage sehen. Auf Grundlage von sog. Memoranda of Understanding fordert die Troika aus EU-Kommission, Europäischer Zentralbank und Internationalem Währungsfonds in der Hellenischen Republik Sparmaßnahmen und Strukturreformen. Hierüber hat der Bremer Europarechtler Prof. Andreas Fischer-Lescano 2014 ein Gutachten erstellt und die Rechtsgrundlagen der Austeritätspolitik untersucht.[15] Seine Ergebnisse ließen aufhorchen, stieß er doch sogar auf Stimmen, die eine Suspendierung des Rechts in der Krise fordern; sofern

---

14 Rechtsgeschichte der europäischen Integration, JZ 2014, 421.
15 Ders., Troika in der Austerität, Kritische Justiz (KJ) 2014, 2 ff.

das Recht einer effektiven Krisenbewältigung entgegenstehe, müsse es eben zurücktreten.[16]

Doch auf was liefe dies hinaus, wenn nicht auf das archaische „Recht des Stärkeren" und damit auf den Untergang der Herrschaft des Rechts als Gesellschaften bildende Institution? Das kann nicht der richtige Weg sein, nicht im Kleinen des Zusammenlebens der Menschen und nicht im Großen der Koexistenz der Völker. Deshalb sollten die europäischen Institutionen zuvörderst die Verbesserung der Lebensumstände der Bürger im Blick haben, statt nationale Ordnungen gegeneinander auszuspielen.[17]

Jedenfalls hat die von der EU mitverantwortete Austeritätspolitik die Akzeptanz der Gemeinschaft bei den Bürgern in den vergangenen Jahren erheblich geschwächt. Eine Kluft zwischen dem Europa der Apparate und dem der Bürger ist auszumachen[18]. Wie der Deutsche Verein für öffentliche und private Fürsorge in der Konsequenz meines Erachtens zu Recht hervorgehoben hat, hat das Ungleichgewicht zwischen wirtschaftlicher und sozialpolitischer Ausgestaltung der EU zur anhaltenden Krise maßgeblich mit beigetragen.[19]

Immerhin hat die EU-Kommission erkannt, dass der Sozialschutz in zunehmendem Maße eine wichtige Rolle als potentieller Produktivfaktor besitzt und Gewähr dafür bietet, dass effiziente, dynamische und moderne Volkswirtschaften auf einem soliden Fundament und auf sozialer Gerechtigkeit basieren.[20] Wenn die Euro-Länder nicht mehr abwerten können, müssen sie Löhne und Preise senken, vertiefen damit aber die soziale Spaltung in Europa. Die wirtschaftlichen Probleme bedingen also immer auch soziale Schwierigkeiten, und diese machen – das haben die Beispiele gezeigt – an den Grenzen der Mitgliedstaaten nicht Halt.

Gerade in Krisenzeiten leisten die nationalen Sicherheitssysteme aber einen wichtigen Beitrag zur politischen und wirtschaftlichen Stabilität; das gilt für den sozialen Schutz des einzelnen Bürgers in schwierigen Lebensphasen gleichermaßen wie für die Stabilisierung der Volkswirtschaft – denken Sie auf dem Höhepunkt der Finanzkrise nur an den Ruf nach dem Staat und

---

16 Fischer-Lescano, KJ 2014, 2, 3.

17 Vgl. Fischer-Lescano, KJ 2014, 2, 5.

18 Vgl. Fischer-Lescano, KJ 2014, 2, 5.

19 „Sozialpolitische Erwartungen des Deutschen Vereins an die Europäische Union" vom 11.12.2013.

20 Europäische Kommission, Stärkung der sozialen Dimension der Lissabonner Strategie: Straffung der offenen Koordinierung im Bereich Sozialschutz, KOM (2003) 261 endg., S. 4.

hier bei uns an die erfolgreiche Wirkung des verlängerten Kurzarbeitergeldes. Denn Wirtschafts- und Sozialpolitik sind eng verflochten. Wie ein für alle Seiten profitables System funktionieren kann, zeigt die Bundesrepublik.

Der soziale Rechtsstaat nach deutschem Vorbild ist eben nicht auf einen bloßen „Umverteilungsstaat" zu reduzieren und als Problemlösungsinstanz für die Defizite marktwirtschaftlich organisierter Gesellschaften zu verstehen. Auch wenn im Sozialstaat gewaltige Summen bewegt werden, zehrt er den Markt nicht aus. Markt und Sozialstaat bedingen einander.[21] Letzterer befähigt erst den Markt. Auch unter Berücksichtigung der Verteuerung von Arbeit ist er kein Hemmnis für ein erfolgreiches Wirtschaften, sondern unverzichtbare Basis und Voraussetzung.[22] Die Umverteilung erwirtschafteten Reichtums erhält die Kaufkraft, mildert innenpolitische Spannungen und dämpft konjunkturelle Schwankungen.[23] Positive Wechselwirkungen, die eines Tages EU-weit zum Wohle aller funktionieren könnten.

Was einfach klingt, stößt mitunter aber schnell an Grenzen. Hierzu ein Beispiel: Als weitere Funktion des Sozialstaats stellt er überhaupt erst marktfähige Arbeitskräfte zur Verfügung.[24] Vorbildlich hierfür ist unser Modell der dualen Ausbildung. Die Diskussion um einen Export dieses erfolgreichen Übergangs von Schule in Beruf hat allerdings auch schon gezeigt, dass es einer gesellschaftlichen Grundlage bedarf, auf der das Modell gedeihen kann; in Italien scheiterte die Einführung dualer Ausbildung bisher an der zu großen Ferne zwischen Bildungssystem und Unternehmen.

Dritter Punkt: Wohin geht die Reise? Was folgt für die Stärkung der sozialen Dimension der EU? Obwohl die Kompetenz für die Sozialpolitik bei den Mitgliedstaaten liegt, ist auch ein europäisches Handeln in der sozialen Dimension in verstärktem Maße notwendig. Die EU hat in ihrer Strategie Europa 2020 aus dem Jahr 2010 Kernziele mit sozialem Bezug vorgegeben (Senkung der Armut, Steigerung der Beschäftigung, Erhöhung des Bildungsniveaus).

---

21 Eichenhofer, in: Masuch/Spellbrink/Becker/Leibfried (Hrsg.), Grundlagen und Herausforderungen des Sozialstaats. Denkschrift 60 Jahre Bundessozialgericht, Bd. 1, Berlin 2014, S. 524.

22 Schulte, in: Rock (Hrsg.), Sozialpolitik mit Zukunft. Eine Streitschrift gegen die weitere Entsolidarisierung der Gesellschaft, Hamburg 2005, S. 160; Stolleis, S. 319.

23 Huf, in: Sozialstaat und Moderne. Modernisierungseffekte staatlicher Sozialpolitik, Berlin 1998, S. 147 ff.; Stolleis, S. 332.

24 Allokative Funktion als Einzelaspekt der ökonomischen Funktion des Sozialstaats, hierzu Penz/Priddat, in: Empter/Vehrkamp (Hrsg.), Soziale Gerechtigkeit - eine Bestandsaufnahme, Gütersloh 2007, S. 64.

Ein deutlicher Wille zur Stärkung der sozialen Dimension der Wirtschafts- und Währungsunion war einer Mitteilung der Kommission vom Oktober 2013 zu entnehmen.[25] Im Vordergrund sollen dabei drei Punkte stehen: stärkere Überwachung der beschäftigungs- und sozialpolitischen Herausforderungen und intensivere politische Koordinierung; größere Solidarität und verstärkte Maßnahmen für Beschäftigung und Arbeitskräftemobilität; intensiver sozialer Dialog.

Einfallstor soll die europäische Lenkung im ökonomischen und fiskalischen Bereich einschließlich der Überwachung gesamtwirtschaftlicher Ungleichgewichte sein. Solche Ungleichgewichte sollen auch anhand von Beschäftigungs- und Sozialindikatoren identifiziert werden, nämlich: Raten der Arbeitsmarktbeteiligung, Langzeitarbeitslosigkeit, Jugendarbeitslosigkeit und Armut. Die beschäftigungspolitische Koordination in der EU soll von einem überarbeiteten sog. „Scoreboard" von Indikatoren unterlegt werden, die besser und frühzeitiger auf große Probleme bei der Beschäftigungs- und Sozialentwicklung hinweisen.

Insoweit beschreiten die Pläne der Kommission eingetretene Pfade. So geht es um die Akzentuierung bei europäischen Förderprogrammen wie dem Europäischen Sozialfonds, bei dem übrigens Deutschland nach Polen der größte Nutznießer ist.

Auch sollen Hemmnisse bei der grenzüberschreitenden Arbeitsuche noch weiter abgebaut werden. Etabliert ist zudem die sog. Methode der offenen Koordinierung (OMK)[26], die auf Konvergenz nach oben und ein mehr an Solidarität angelegt ist. Die OMK Soziales betrifft die Bereiche soziale Eingliederung, Altersversorgung, Gesundheitsversorgung und Langzeitpflege.[27] Sie zielt darauf, dass sich die Mitgliedstaaten auf gemeinsame Leitlinien und Ziele verständigen, diese eigenverantwortlich umsetzen und am Ende nach einer Analyse die erfolgreichsten Modelle identifiziert und empfohlen werden.

Etabliert ist zudem das Verfahren des Europäischen Semesters. Im Wege einer festen Abfolge in den ersten sieben Monaten eines Jahres analysiert die Kommission zunächst die wirtschaftliche Lage der gesamten EU sowie der einzelnen Mitgliedstaaten. Nachdem der Europäische Rat die wichtigsten

25 KOM (2013) 690 endg.

26 Hierzu ausführlich Eichenhofer, in: GVG (Hrsg.), EU-Gesundheitspolitik im nicht-harmonisierten Bereich: Aktuelle Entwicklungen der Offenen Methode der Koordinierung, Bonn 2010, S. 59 ff.

27 Europäische Kommission, Europäisches Regieren – ein Weißbuch, KOM (2001) 428 endg., S. 18.

Maßnahmen festgelegt hat, müssen die Mitgliedstaaten ihre Stabilitäts- bzw. Konvergenzprogramme zu ihren nationalen Haushalten vorlegen. Hierauf werden länderspezifische Empfehlungen ausgearbeitet und den Mitgliedstaaten erteilt. Im Folgejahr wird evaluiert, ob und inwieweit die länderspezifischen Empfehlungen auf nationaler Ebene berücksichtigt wurden.

Es geht letzten Endes sowohl beim europäischen Semester als auch bei der OMK darum, voneinander zu lernen, etwa wie in Zeiten des demografischen Wandels am besten Reformen im renten- und gesundheitspolitischen Bereich geplant, gemeinsame Zielvorstellungen entwickelt und deren Realisierung anhand von Indikatoren überprüfbar gemacht werden können.

Neuland wird bei den Überlegungen der Kommission unter der Überschrift „Vertiefung der Wirtschafts- und Währungsunion" betreten. Danach soll auch nach und nach die Finanzierung vor allem der Sozialhaushalte auf die Union bzw. die „Euro-Zone" verlagert werden. In diese Richtung zielende Vorschläge sehen beispielsweise zunächst finanzielle Belohnungen derjenigen Mitgliedstaaten vor, welche die von Europa vorgegebenen („Struktur"-)Reformen durchführen. Eine Änderung der europäischen Vertragsgrundlagen sei hierfür nach Auffassung der Kommission nicht erforderlich. Die Finanzierung und Modalitäten müssten in jedem Einzelfall „vertraglich" festgelegt werden.

Hierauf aufbauend sollen in einem zweiten Schritt die Finanzierungskapazitäten ausgeweitet werden, um auch größeren Ländern im Krisenfall helfen zu können.

Langfristig sollten dann Hoheitsrechte und Solidaritätsbefugnisse auf europäischer Ebene zusammengeführt werden und mit einem zentralen Haushalt ausgestattet werden. Länderspezifische Krisen würden dadurch – so die Kommission – beherrschbar und die wirtschaftliche Integration und Konvergenz vorangetrieben. Als ein mögliches Instrument wird ein Zahlungsmechanismus ins Spiel gebracht. Steht ein Land wirtschaftlich gut da, hat es Zahlungen zu leisten. In schlechten Zeiten könne es Zahlungen erwarten. Mittelfristig solle das System finanziell neutral sein.

Alternativ sei nach Ansicht der Kommission eine Art „Rückversicherung" denkbar, die für die Kosten von Sozialleistungen in den Mitgliedstaaten aufkommt, wenn bestimmte Schwellenwerte im Sinne schwerer wirtschaftlicher Schocks überschritten würden. Ein ähnliches Modell funktioniert in den USA.

Beide Varianten sind auch nach Ansicht der Kommission nur im Falle einer grundlegenden Vertragsänderung möglich. Denn der EU-Vertrag geht vom Prinzip der begrenzten Einzelermächtigung aus. Das heißt, dass die Mitgliedstaaten ihre Souveränität nur in einem begrenzten Rahmen übertragen haben. Auf dem Gebiet des Sozialrechts hat die EU bislang im Wesentlichen eine unterstützende und ergänzende Zuständigkeit. Daneben sind Diskriminierungsverbote und die Kompetenz zur Koordinierung zu nennen. Sie sind auf die zur Förderung der Freizügigkeit notwendigen Maßnahmen beschränkt.

Insbesondere die Gestaltung, Verwaltung und Finanzierung sozialer Sicherheit wird aber in eigener Verantwortung der Mitgliedstaaten wahrgenommen.[28]

Was ist nun von den Plänen der Kommission zu halten, was steckt dahinter?

Soweit es die angedachten Fiskaltransfers an sich angeht, sollen Konjunkturzyklen gedämpft werden. Wie schon dargelegt, bestehen etwa die klassischen nationalen Mittel der Geldpolitik im Euro-Raum nicht mehr und die Zinspolitik wirkt nur noch eingeschränkt, sodass nach Kompensationen gesucht wird. Die Fiskaltransfers sollen bewirken, dass von boomenden Mitgliedstaaten zu schwächelnden Mitgliedstaaten umverteilt wird, um hier das Wachstum zu bremsen und dort anzukurbeln. Man mag hier an den deutschen Länderfinanzausgleich denken. Allerdings geht es nicht um die Herstellung gleichwertiger Lebensverhältnisse.

So sollen insbesondere nicht manche Mitgliedstaaten dauerhaft zahlen bzw. dauerhaft Leistungsempfänger sein.[29] Auch arme Länder würden in Boomphasen Nettozahler, was allzu oft verschwiegen wird.

Soweit es eine Harmonisierung der sozialen Sicherungssysteme in Europa angeht, muss klar sein, dass diese wegen der unterschiedlichen Lebensstandards allenfalls auf sehr niedrigem Niveau erfolgen würde; ein „race to the bottom" ist aber kein akzeptables Ziel. Verfassungsrechtlich wird das in Deutschland durch Art. 23 Abs. 1 des Grundgesetzes gestützt. Unsere Mitwirkung am Integrationsprozess ist von der Verpflichtung der Europäischen Union u. a. auf soziale Grundsätze abhängig.

Das Grundgesetz unternimmt es damit, nicht nur defensiv soziale Aufgaben für den deutschen Staatsverband gegen überstaatliche Inanspruchnahmen zu sichern, sondern will die europäische Hoheitsgewalt in ihrem –

---

28 Eichenhofer, Der deutsche Sozialstaat und Europa, ZESAR 2011, 455, 457.

29 Dullien, Eine Europäische Arbeitslosenversicherung als Stabilisator für die Euro-Zone, WISO direkt 6/2014, 1, 2.

übertragenen – Aufgabenspektrum an die Sozialverantwortung binden.[30] Als letztinstanzlicher Wächter unserer Interessen fungiert damit das Bundesverfassungsgericht. In seinem 2009 gefällten Urteil zum Vertrag von Lissabon[31] führte es aus, dass die Mitgliedstaaten ihre Fähigkeit zu selbstverantwortlicher politischer und sozialer Gestaltung der Lebensverhältnisse nicht verlieren dürfen. Die sozialpolitisch wesentlichen Entscheidungen müssen nach wie vor in eigener Verantwortung der deutschen Gesetzgebungsorgane getroffen werden. Von einer aufmerksamen Beobachtung der Prozesse entbinden diese verfassungsrechtlichen Vorgaben aber nicht. Man muss wissen, dass Karlsruhe dem Gesetzgeber einen weiten Gestaltungsspielraum einräumt.

Abgesehen von erworbenen Besitzständen wäre dem „race to the bottom" von Verfassung wegen am Ende nur mit dem vom Grundgesetz geschützten Grundrecht auf Gewährleistung eines menschenwürdigen Existenzminimums aus Art. 1 Abs. 1 i. V. m. Art. 20 Abs. 1 GG ein Ende zu setzen.[32]

Aber wir wollen die Kirche im Dorf lassen. Sozialabbau ohne Not wird es in Deutschland nicht geben, das hat die Geschichte der Bundesrepublik gezeigt. Und auch die weitreichenden Pläne der Kommission sind – wie gesagt – nur durch Änderungen der europäischen Verträge zu realisieren.

Ich möchte nun zum Schluss kommen. Gibt es eine Alternative zu einem solidarischen und sozialen Europa? Ich meine: Nein!

Es ist meine feste Überzeugung: Das Zusammenwirken von kluger Politik im sozialen Rechtsstaat, von Verwaltungs- und Regierungskunst und wirksamer, unabhängiger Rechtspflege machen arbeitsteilige, hochentwickelte Gesellschaften gestaltbar. Es ist jedoch unerlässlich, auf allen Ebenen ständig nachzujustieren. Es gibt keine ein für alle Mal „richtige Rentenhöhe" oder den „gerechten Kündigungsschutz", hier bedarf es steter Anpassung, wenn nicht gar die Entwicklung ganz neuer Konzepte nötig wird. Wenn im Rahmen des Voneinanderlernens, durch Empfehlungen, auch durch Prämien europäische Impulse im Bereich des Sozialrechts eingehen, kann das nicht schlecht sein. Bei allem, was darüber hinausgeht, kommt es darauf an, wie es gemacht wird.

---

30 BVerfG vom 30.6.2009, BVerfGE 123, 267–437.

31 Urteil vom 30.6.2009, BVerfGE 123, 267–437.

32 Grundlegend BVerfGE 125, 175.

Keine Sozialhilfe für EU-Bürger? Zwischen Freizügigkeit und Gleichbehandlungsanspruch

Maria Loheide

Meine sehr geehrte Damen und Herren,

ich danke herzlich für die Einladung und ich freue mich, dass Sie sich heute auf diesem Fachtag mit dem wichtigen Thema Sozialleistungen für Menschen aus der Europäischen Union befassen. Menschen, die zu uns nach Deutschland kommen, um ihre zum Teil sehr guten Chancen auf dem deutschen Arbeitsmarkt zu ergreifen, um mehr Bildung für sich und ihre Kinder zu erlangen, oder Menschen, die sich schlicht in der Hoffnung auf eine bessere Zukunft auf den Weg machen.

Das Thema könnte zeitlich nicht besser gewählt sein: In der letzten Woche hat der Europäische Gerichtshof (EuGH) in der lang erwarteten Rechtssache Alimanovic ein aus unserer Sicht überraschend bitteres Urteil gefällt: Deutschland kann arbeitsuchenden EU-Bürgern, selbst denjenigen mit kurzfristigen Arbeitsverhältnissen ohne eine Einzelfallprüfung Hartz IV verwehren. Damit ist der weitere Weg über Europarecht versperrt. Ich muss zugeben, wir hatten einen etwas differenzierteren Urteilsspruch erwartet.

Der EuGH hat mit diesem Urteil einen schärferen Kurs eingeschlagen als der EU-Generalanwalt Melchior Wathelet, der im März sein Rechtsgutachten zu dem Streit vorgelegt hatte. Wathelet hatte die Auffassung vertreten, dass es im Fall kurzzeitig Beschäftigter eine Einzelfallprüfung geben solle. Dies hätte im Fall Alimanovic auf eine „tatsächliche Verbindung" zum

Arbeitsmarkt hinweisen können, die dann zu einem Hartz IV-Anspruch hätte führen müssen.

Dies hat der EuGH nicht aufgegriffen: Im Gegenteil betonte er, dass eine individuelle Prüfung in einem Fall wie dem vorliegenden nicht erforderlich sei – das EU-Recht selbst sei klar genug. Das Luxemburger Urteil knüpft an die Dano-Gerichtsentscheidung vom November 2014 an. Damals hatte das Gericht den Fall einer in Leipzig lebenden Rumänin zu prüfen, die sich – anders als die Klägerin aus Schweden – nicht erkennbar um Arbeit bemüht hatte. Auch hier hatte der EuGH den Ausschluss von Hartz IV für rechtmäßig erklärt.

Einen wichtigen Aspekt hatte Herr Wathelet noch eingebracht: Menschen, die in Deutschland – auch kurzzeitig – gearbeitet haben, insbesondere Eltern mit Kindern in Schule oder Ausbildung müssen einen Hartz IV-Zugang erhalten, wenn aufgrund einer Bildung/Ausbildung von eigenen Kindern oder einer familiären Bindung ein anderer Aufenthaltszweck bestanden hat.

Unser Blick richtet sich nun vom EuGH in Luxemburg nach Karlsruhe. Das Bundesverfassungsgericht hatte 2012 das Grundrecht auf ein menschenwürdiges Existenzminimum, wie es Artikel 1 im Grundgesetz festschreibt, für alle Menschen bestätigt. Dies muss auch für EU-Bürgerinnen und EU-Bürger gelten. Wir hoffen, dass das Bundesverfassungsgericht bald die Gelegenheit erhält, dies höchstrichterlich zu bestätigen.

Die Thematik umfasst – neben den komplizierten rechtlichen Aspekten – viele sozialpolitische und gesellschaftliche Fragestellungen auf deutscher und europäischer Ebene, berührt europäisches Recht und deutsches Sozial- und Verfassungsrecht. Letztlich aber ist die soziale Absicherung von Wanderungsbewegungen innerhalb der Europäischen Union eine Frage der europäischen Integration auf dem Weg zu einer Sozialunion, wie wir sie uns wünschen und worauf wir auch gemeinsam mit unseren europäischen Partnern im Verbund der Eurodiaconia und mit anderen Akteuren hinarbeiten.

Ich möchte in meinem Vortrag zunächst auf die Menschen eingehen, um die es hier geht, dann auf die sozialpolitischen Implikationen, die eine unabgesicherte Arbeitsuche mit sich bringt und abschließend einen Ausblick auf die rechtlichen Entwicklungen auch auf europäischer Ebene geben.

1   Um welche Menschen geht es?

Von welchen Menschen reden wir hier? Wirklich strittig sind bei der Diskussion um die sogenannte Armutsmigration, die bei der Wahl zum Europäischen Parlament im Mai vergangenen Jahres eines der Top-Themen war und die mit dem Unwort des Jahres 2013 „Sozialtourismus" verbunden wird, eigentlich nur zwei Personengruppen. Es geht um diejenigen, die ihr Freizügigkeitsrecht zur Arbeitsuche in Anspruch nehmen und diejenigen, die nach Deutschland kommen, aber nicht arbeitsuchend oder sonst wirtschaftlich aktiv sind und über keine eigenen Existenzmittel verfügen. Diese Menschen können kein Freizügigkeitsrecht für sich beanspruchen.

Betont werden sollte an dieser Stelle, wann ein Anspruch auf staatliche Existenzmittel in Deutschland unzweifelhaft besteht: Ein Sozialleistungsanspruch besteht für diejenigen, die bereits ein halbes Jahr sozialversicherungspflichtig beschäftigt waren, für ein weiteres halbes Jahr. Wer bereits über ein Jahr ein ununterbrochenes Arbeitsverhältnis nachweisen kann, kann seinen Status als Arbeitnehmer/Arbeitnehmerin erhalten und ist anschließend Hartz IV-berechtigt. Und schließlich dürfen diejenigen Hartz IV oder Sozialhilfe beanspruchen, die ein Daueraufenthaltsrecht in der Bundesrepublik erworben haben. Dies bekommt jeder, der fünf Jahre rechtmäßig in Deutschland gelebt hat, sei es als Angehöriger eines freizügigkeitsberechtigten Unionsbürgers oder durch sonstige eigene Freizügigkeitsberechtigung.

Welche Brisanz das Thema hat, zeigt sich nicht nur an den politischen Debatten, sondern auch daran, dass in einigen Kommunen Menschen leben, darunter viele Familien mit ihren Kindern, die vollkommen durch das sozialstaatliche Netz fallen, da sie keine existenzsichernden Leistungen erhalten und kein Krankenversicherungsschutz besteht. Lediglich der Anspruch auf Kindergeld ist für alle Unionsbürgerinnen und Unionsbürger gegeben.

Ich möchte zunächst darauf hinweisen, dass die Zahl der Zugewanderten aus der EU seit vielen Jahren nahezu unbemerkt von der Öffentlichkeit die Zahl der Flüchtlingsaufnahme in Deutschland erheblich übersteigt: Im Jahr 2014 betrug die Nettozuwanderung aus den Mitgliedstaaten der Europäischen Union (EU) mit 306.700 Menschen fast 60 Prozent der gesamten Zuwanderung aus anderen Ländern. Aus den Staaten außerhalb der EU kamen nur 213.000 Menschen zu uns, davon 173.000 Menschen, die erstmals bei uns einen Asylantrag gestellt haben. Dieses Jahr wird die Zahl der humanitären Aufnahme aus Drittstaaten erstmals seit langem die der EU-Zuwanderung übersteigen.

Von diesen 300.000 Menschen aus den Mitgliedsstaaten der EU sind die allermeisten gut ausgebildet, zum Teil hochqualifiziert. Sie finden allerdings teilweise leider nur in prekären Arbeitsverhältnissen oder unterhalb ihrer Qualifikation ihr Auskommen. Nur wenige dieser Menschen sind auf Transferleistungen angewiesen. Es handelt sich deutschlandweit schätzungsweise um nicht mehr als 30.000 Menschen, die sich nur zur Arbeitssuche in Deutschland aufhalten. Sie leben in sehr prekären Verhältnissen ohne Sozialleistungen und Krankenversicherungsschutz.

2 Sozialleistungsausschlüsse SGB II und SGB XII

Eine vermeintliche Überlastung der sozialen Sicherungssysteme, der vielbeschworene Sozialbetrug oder gar ein Missbrauch des Freizügigkeitsrechts in Deutschland und anderen EU-Staaten sind jedoch weder in nennenswertem Umfang belegt noch geben sie das Bild wieder, das sich täglich in diakonischen Einrichtungen und Beratungsstellen bietet. Zuwandernde aus der Europäischen Union versuchen nach unserer Praxiserfahrung ernsthaft, ihre Chance auf dem europäischen Arbeitsmarkt zu ergreifen, eben auch in Deutschland. Viele werden erst nach ihrer Einreise nach Deutschland hilfebedürftig, wenn das Ersparte aufgebraucht ist und nicht schnell genug eine auskömmliche Erwerbsarbeit gefunden wurde. Dann sind sie allerdings als Arbeitsuchende gesetzlich von Grundsicherungsleistungen ausgeschlossen. Nur nach Einlegen von Rechtsmitteln können sie existenzsichernde Leistungen erhalten, die eine Integration in den Arbeitsmarkt ermöglichen.

Die Diakonie Deutschland vertritt die Auffassung, dass die derzeitigen Leistungsausschlüsse in SGB II und SGB XII für Unionsbürgerinnen und Unionsbürger während ihrer Arbeitsuche in der derzeitigen Ausschließlichkeit nicht mit Verfassungsrecht vereinbar sind und dringend der Änderung bedürfen, wie ich oben bereits ausgeführt habe.

Der Leistungsausschluss hat eine Reihe negativer Konsequenzen, für diese Menschen wie für die deutsche Gesellschaft.

In Einrichtungen und Dienste der Wohnungslosenhilfe, der Migrationsfachdienste, in Stadtteilprojekte, in medizinische Notdienste und in die Bahnhofsmission kommen Menschen, darunter auch Familien mit Kindern, die weder Unterkunft haben noch krankenversichert sind. Oft verhindert der fehlende Hartz IV-Bescheid die Möglichkeit, eine Tafel zu besuchen oder andere Vergünstigungen in Anspruch zu nehmen. Ohne eine soziale

Absicherung ist eine geregelte Arbeitsmarktintegration schwierig. Diese Arbeitsuchenden kennen oftmals ihre Rechte und Pflichten nicht. Die existentielle Notlage der Betroffenen kann durch deutsche Unternehmen leicht ausgenutzt werden. Nicht selten geraten arbeitsuchende EU-Bürgerinnen und EU-Bürger dadurch in z.T. schwere Formen von ausbeuterischen Arbeitsverhältnissen, bis hin zu Menschenhandel.

Wer einen Anspruch auf Sozialleistungen hat und sein Freizügigkeitsrecht zur Arbeitsuche rechtmäßig in Anspruch nimmt, begeht aus unserer Sicht keinen „Sozialleistungsmissbrauch". Im Gegenteil: Das Existenzminimum auch als Teil der unantastbaren Menschenwürde aus Art. 1 GG schützt gerade vor Missbrauch und Ausbeutung auf dem Arbeitsmarkt, vor dem Kreislauf prekärer Notlagen und extremer Hilfsbedürftigkeit. Ziel muss daher sein, allen Menschen schnellstmöglich eine echte Chance auf Teilhabe an Arbeit und in der Gesellschaft zu eröffnen.

Das Grundrecht auf das sozio-kulturelle Existenzminimum in Deutschland bedeutet, Zuwandernde aus der EU mit existenzsichernden Leistungen zu unterstützen, wenn sie hilfebedürftig werden. Die Politik trägt Verantwortung dafür, dass alle Menschen in Deutschland vor Diskriminierung, Ausbeutung und dem Abrutschen in prekäre Lebensverhältnisse geschützt werden.

Notwendig sind klare und einfach handhabbare nationale und europarechtliche Regelungen zur europaweiten Mobilität sowie gute und ausreichende Integrations- und Partizipationsmöglichkeiten von Anfang an, beispielsweise durch einen Integrationskurs.

Wichtig ist auch der Blick in die Herkunftsländer: Die Länder, aus denen die Zugewanderten kommen, müssen intensiv unterstützt werden, damit sie den Menschen bessere Lebens- und Arbeitsbedingungen ermöglichen können. Denn gerade die gut ausgebildeten Menschen werden dort für die Zukunft des Landes und den Aufbau einer guten Infrastruktur dringend gebraucht. Letztlich wollen sie auch in ihrer Heimat eine lohnende Perspektive haben.

Für uns ist klar: Instrumente der Migrationssteuerung und die Einteilung in gewünschte und unerwünschte Zuwanderung sind innerhalb der EU nicht zulässig. Die Menschen, die zu uns kommen, wollen vorerst bleiben. Sie suchen Arbeit und eine existenzsichernde Perspektive. Die Kommunen haben längst erkannt, dass Zwangsmaßnahmen und der Entzug der Freizügigkeit in einem Raum ohne Binnengrenzen nur wenig erfolgreich sind. Wenn keine Wiedereinreisesperre ausgesprochen wird (und das dürfen die Ausländerbehörden nur bei erheblichen Straftaten), ist eine Einreise jederzeit wieder möglich, da die ersten drei Monate Aufenthalt in einem anderen EU-Land voraussetzungslos möglich sind.

Meiner Meinung nach sollten positive und konstruktive Wege gesucht und kluge sozial- und migrationspolitische Rahmenbedingungen gesetzt werden.

Lassen Sie mich zum Schluss noch einen wichtigen Aspekt einbringen: unseren vielbemühten demographischen Wandel. Die aktuellen Zahlen des Bevölkerungsrückgangs in Deutschland konnten wir jüngst wieder lesen. Wir werden auf lange Sicht auf Zuwanderung angewiesen sein. Selbst bei einer angenommenen ständigen Nettozuwanderung von 500.000 Menschen pro Jahr – hier sind Drittstaatsangehörige, darunter Flüchtlinge, Arbeitsmigrantinnen und Arbeitsmigranten und EU-Bürgerinnen und -bürger gemeint – hat das Statistische Bundesamt errechnet, dass diese Lücke nicht auf Dauer durch den positiven Saldo aus Zuzügen nach und Fortzügen aus Deutschland geschlossen werden kann. In fünf bis sieben Jahren wird trotz Zuwanderungsprognosen die Bevölkerung stetig abnehmen.

Oftmals ist zudem nicht bekannt: Mittelfristig wird die (Fachkräfte-)Zuwanderung aus Süd- und Osteuropa ein schnelles Ende finden. Den Ländern Ost- und Südosteuropas steht der stärkste Bevölkerungsrückgang aufgrund geburtenschwacher Jahrgänge in Europa bevor, der durch die wirtschaftlich unsicheren Zeiten und die Migration der Elterngenerationen ins Ausland begünstigt wird. Der prognostizierte große demographische Wandel kann sich besonders in strukturschwachen Regionen verheerend auswirken und wird besonders Rumänien und Bulgarien, Teile Polens und Italiens sowie die noch weiter östlich gelegenen Nicht-EU-Länder treffen. Die Fachkräfte, aber auch ungelernte Arbeitskräfte in diesen Ländern werden dort schon jetzt und in naher Zukunft unabkömmlich sein und nicht ausreichen. Diese Staaten werden daher selbst auf eine Zuwanderung angewiesen sein. Die Einwanderung nach Deutschland wird spürbar zurückgehen.

Was heißt dies für uns? Wir sollten jeden Menschen, der zu uns kommt, herzlich begrüßen und mit einem Blumenstrauß willkommen heißen. Deutschland ist derzeit in der komfortablen Situation, Menschen aufnehmen zu können, die ohne Schul- und Berufsausbildung zu uns kommen, und sie mit guten Integrationsangeboten in die Lage zu versetzen, ihr Auskommen selbst zu bestreiten. Es gibt genügend Beispiele in der Menschheitsgeschichte, wo Migration, auch aus Gründen wirtschaftlicher Not und Armut, zu neuen Perspektiven geführt hat, die im Herkunftsland nie offen standen. Wer z.B. als Analphabet nach Deutschland kommt, hat vielleicht auch hier kaum eine Chance auf dem deutschen Arbeitsmarkt. Der zweiten Generation aber stehen alle Möglichkeiten offen, wenn es gelingt, gute Integrationsangebote und eine Willkommensstruktur zu schaffen.

Wir sollten alle Anstrengungen unternehmen, die Menschen in unsere Gesellschaft gut aufzunehmen. Mit einer Haltung der Offenheit, die auf Teilhabe und Inklusion zielt, mit Wertschätzung der Potenziale der Zuwandernden, aber auch mit konkreten Hilfestellungen und Unterstützungsleistungen, die eine Integration in unsere Gesellschaft erst ermöglichen und Menschen nicht zuletzt vor ausbeuterischen Abhängigkeitsverhältnissen bewahren.

EU-Sozialbürgerschaft oder Menschenrecht auf Gewährleistung eines menschenwürdigen Existenzminimums? – Zur aktuellen Diskussion um das Recht von UnionsbürgerInnen auf soziale Grundsicherung in Deutschland

Ute Kötter

1   Einleitung

Der Gerichtshof der Europäischen Union (EuGH) hat in seinen jüngsten Entscheidungen in den Rechtssachen Dano und Alimanovic die Regelung des SGB II, die AusländerInnen, deren Aufenthaltsrecht in Deutschland sich ausschließlich aus der Arbeitsuche ergibt, vom Bezug von AlG II ausschließt, für mit dem Unionsrecht vereinbar erklärt. Damit stellt sich jedoch die Frage, ob der Ausschluss von UnionsbürgerInnen von Fürsorgeleistungen mit dem Grundgesetz, insbesondere dem Grundrecht auf Gewährleistung eines menschenwürdigen Daseins vereinbar ist.

2 Ansprüche auf soziale Grundsicherung und Sozialhilfe für AusländerInnen im deutschen Recht

2.1 Die verfassungsrechtlichen Grundlagen der Fürsorge

Das Grundgesetz der Bundesrepublik Deutschland enthält im Unterschied zu anderen Verfassungen keinen detaillierten Katalog sozialer Grundrechte, sondern skizziert mit dem Sozialstaatsprinzip in Art. 20 Abs. 1, Art. 28 Abs. 1 S. 1 GG[1] die Umrisse des deutschen Sozialstaats nur grob. Das Sozialstaatsprinzip ist – obwohl „Maßstab allen staatlichen Handelns"[2] – geprägt durch eine hohe inhaltliche Unbestimmtheit. Seine Konkretisierung ist primär Aufgabe des demokratisch bestimmten Gesetzgebers[3]. Aus historisch-politischer Sicht bilden „ein menschenwürdiges Existenzminimum für jedermann", „die soziale Gleichheit", „die soziale Sicherheit und soziale Entschädigung" und „die Hebung des allgemeinen Wohlstands und die Ausbreitung der Teilhabe daran"[4] Kernelemente des Sozialstaatsprinzips. Ansprüche auf subjektive, d.h. einklagbare Rechte lassen sich nach herrschender Meinung aus dem Sozialstaatsprinzip *allein*[5] allerdings ebenso wenig ableiten wie aus dem Grundsatz der Menschenwürde gem. Art. 1 Abs. 1 GG. So hatte das Bundesverfassungsgericht in einer seiner ersten Entscheidungen (vom 19.12.1951) zunächst festgestellt:

„Wenn Art. 1 Abs. 1 GG sagt: „Die Würde des Menschen ist unantastbar", so will er sie nur negativ gegen Angriffe abschirmen. Der zweite Satz: (...) „Sie zu achten und schützen ist Verpflichtung aller staatlichen Gewalt" verpflichtet den Staat zu dem positiven Tun des „Schützens", doch ist dabei *nicht Schutz vor materieller Not* (Hervorhebung durch die Verf.), sondern Schutz gegen Angriffe auf die Menschenwürde durch andere, wie Erniedrigung, Brandmarkung, Verfolgung, Ächtung usw. gemeint. Art. 2

---

1 Wie etwa Art. 6 GG (Schutz von Ehe und Familie) und Art. 3 Abs. 3 S. 2 GG.

2 Hans F. Zacher, Sozialpolitik und Verfassung im ersten Jahrzehnt der Bundesrepublik Deutschland, 1980, S. 676 ff (706 ff).

3 Hans F. Zacher, Das soziale Staatsziel, in: Josef Isensee/Paul Kirchhof, Handbuch des Staatsrechts der Bundesrepublik Deutschland, Heidelberg 1987, S. 1045 ff., RdNr. 440.

4 Zacher, ebd., RdNr. 27–60.

5 Jarass/Pieroth, Grundgesetz für die Bundesrepublik Deutschland, 2. Aufl. München 1991.

Abs. 2 S. 1 GG räumt dem Einzelnen kein Grundrecht auf angemessene Versorgung durch den Staat ein."[6]

Das Bundesverwaltungsgericht hatte dagegen schon 1954, d.h. vor Erlass des Bundessozialhilfegesetzes (BSHG) von 1961, das erstmals einen Rechtsanspruch auf Sicherung des Existenzminimums gesetzlich regelte, den Zusammenhang zwischen der in der Menschenwürde begründeten Subjektstellung des Bürgers nach dem Grundgesetz und dem subjektiven Recht auf Sicherung des Existenzminimums herausgearbeitet:

„Der Einzelne ist zwar der öffentlichen Gewalt unterworfen, aber nicht Untertan, sondern Bürger. Darum darf er in der Regel nicht lediglich Gegenstand staatlichen Handelns sein. Er wird vielmehr als selbständige sittlich verantwortliche Persönlichkeit und deshalb als Träger von Rechten und Pflichten anerkannt. Dies muss insbesondere dann gelten, wenn es um seine Daseinsmöglichkeiten geht ... Die unantastbare, von der Gewalt zu schützende Würde des Menschen ... verbietet es, ihn lediglich als Gegenstand staatlichen Handelns zu betrachten, soweit es sich um die Sicherung des ‚notwendigen Lebensbedarfs'(...), also seines Daseins überhaupt, handelt."[7]

Fast 60 Jahre nach seiner Entscheidung von 1951 leitet auch das Bundesverfassungsgericht in seiner Entscheidung vom 9.2.2010 aus Art. 1 i.V.m. Art. 20, 28 GG nun ausdrücklich ein Grundrecht auf Gewährleistung eines menschenwürdigen Existenzminimums ab: „Das Grundrecht auf Gewährleistung eines menschenwürdigen Existenzminimum aus Art. 1 GG in Verbindung mit dem Sozialstaatsprinzip sichert jedem Hilfebedürftigen diejenigen materiellen Voraussetzungen zu, die für seine physische Existenz und für ein Mindestmaß an Teilhabe am gesellschaftlichen, kulturellen und politischen Leben unerlässlich sind."[8] Die Konkretisierung dieses sog. sozio-kulturellen Existenzminimums bleibt jedoch dem Gesetzgeber überlassen, solange dieser die Bestimmung des Existenzminimums nachvollziehbar darstellt und dieses auch nicht offensichtlich unzureichend ist.

Das Grundrecht auf Gewährleistung eines menschenwürdigen Daseins ist, wie das Bundesverfassungsgericht in seiner Entscheidung zum Asylbewerberleistungsgesetz vom 18.7.2012[9] verdeutlichte, nicht auf Deutsche beschränkt. Es ist ein Menschenrecht. An seinem Maßstab sind auch die

---

6 BVerfGE 1, 97, 104.

7 BVerwGE 1, 159, 161.

8 BVerfG, Urteil des Ersten Senats vom 9. Februar 2010 - 1 BvL 1/09, 1. Leitsatz.

9 BVerfG, 18.07.2012 - 1 BvL 10/10; 1 BvL 2/11.

Leistungen zur Sicherung des Existenzminimums für AusländerInnen in Deutschland zu messen.

2.2 Das gegliederte System der Gewährleistung eines menschenwürdigen Existenzminimums im deutschen Recht

Die Gewährleistung des menschenwürdigen Existenzminimums erfolgte in der Bundesrepublik Deutschland zunächst im für alle Einwohner gleichermaßen geltenden System des BSHG, das bereits die bis heute geltenden Grundsätze der Sicherung eines menschenwürdigen Daseins, der Bedarfsdeckung und des Nachrangs, der Hilfe zur Selbsthilfe, der Individualisierung und die Offizialmaxime enthielt. Mit der Schaffung eines eigenen Mindestsicherungssystems für Asylbewerber (Asylbewerberleistungsgesetz vom 30.6.1993)[10] und der Ausgliederung der Grundsicherung im Alter und bei Erwerbsminderung (Gesetz über eine bedarfsgerechte Grundsicherung im Alter und bei Erwerbsminderung vom 26.6.2001)[11] setzte allerdings ein Prozess der Umwandlung des allgemeinen Sozialhilfesystems in gruppenspezifische Systeme sozialer Mindestsicherung ein. Seit der Hartz IV-Reform von 2005[12] ruht das System der Gewährleistung eines menschenwürdigen Existenzminimums auf drei Säulen: dem Sozialgesetzbuch Buch II (Grundsicherung für Arbeitssuchende)[13], dem Sozialgesetzbuch Buch XII (Sozialhilfe)[14] und dem Asylbewerberleistungsgesetz.[15] Dieses gegliederte System enthält unterschiedliche Rechtsansprüche der Gewährleistung eines menschenwürdigen Existenzminimums.

Das SGB II sieht als Leistungen zur Sicherung des Lebensunterhalts das Arbeitslosengeld II (AlG II), das Sozialgeld und Leistungen für Bildung und Teilhabe vor (§ 19 SGB II). Anspruch auf AlG II haben gem. § 19 Abs. 1

---

10 In Kraft getreten am 1.11.1993 (BGBl. I S. 1074), aktuell in der Fassung der Bekanntmachung vom 5.8.1997 (BGBl. I S. 2022).

11 BGBl. I S. 1310, 1335.

12 Benannt nach dem 4. Gesetz über moderne Dienstleistungen am Arbeitsmarkt, das die Arbeitslosenhilfe der Arbeitslosenversicherung (SGB III) und die Sozialhilfe für Erwerbsfähige des BSHG in einem neuen Leistungssystem, der Grundsicherung für Arbeitsuchende (SGB II) zusammenführte, und dem Vorsitzenden der Expertenkommission, die das Gesetz vorbereitete, dem früheren Personalvorstand der Volkswagen-AG Peter Hartz.

13 In der Fassung vom 13.5.2011 (BGBl. I S. 850, ber. S. 2094).

14 Vom 27.12.2003 (BGBl. I S. 3022).

15 Jetzt in der Fassung der Bekanntmachung vom 5. August 1997 (BGBl. I S. 2022).

S. 1 i.V.m. § 7 Abs. 1 S. 1 Nr. 1 – 4 SGB II Personen, die ihr 15. Lebensjahr vollendet und noch nicht das Rentenalter (§ 7 a SGB II) erreicht haben (Nr. 1), die erwerbsfähig sind (Nr. 2), die hilfebedürftig sind (Nr. 3) und die ihren gewöhnlichen Aufenthalt in der Bundesrepublik Deutschland haben (Nr. 4). Nach der Legaldefinition des § 7 Abs. 1 SGB II sind sie erwerbsfähige Leistungsberechtigte. Ihre mit ihnen in Bedarfsgemeinschaft gem. § 7 Abs. 3 SGB II lebenden nicht erwerbsfähigen Angehörigen haben Anspruch auf Sozialgeld gem. § 19 Abs. 1 S. 2 SGB II, wenn sie keinen Anspruch auf Grundsicherung im Alter oder Grundsicherung wegen Erwerbsminderung nach dem 4. Kapitel SGB XII haben. Kinder, Jugendliche und junge Erwachsene bis zum 25. Lebensjahr haben daneben in begrenztem Umfang gem. § 28 SGB II Anspruch auf Leistungen zur Deckung von Bedarfen an Bildung und Teilhabe am sozialen und kulturellen Leben in der Gemeinschaft, z.B. für Schulbedarf, Klassenfahrten, Schülerbeförderung, Lernförderung, Sportvereine, kulturelle Bildung.

Das SGB XII enthält mit der Grundsicherung im Alter und bei Erwerbsminderung (§ 41 SGB XII) besondere Anspruchsgrundlagen für hilfebedürftige Personen, die ihren gewöhnlichen Aufenthalt in Deutschland haben und die entweder das Rentenalter erreicht haben (§ 41 Abs. 1 S. 1 i.V.m. Abs. 2 SGB XII) oder mindestens 18 Jahre alt und dauerhaft voll erwerbsgemindert sind (§ 41 Abs. 1 S. 1 i.V.m. Abs. 3 SGB XII). Darüber hinaus gewährt der Auffangtatbestand der Hilfe zum Lebensunterhalt gem. §§ 27 ff. SGB XII allen, die hilfebedürftig sind und keine Ansprüche nach den vorgenannten Bestimmungen oder §§ 3 ff. AsylbLG[16] haben, einen allgemeinen Anspruch auf Leistungen zur Sicherung des Lebensunterhalts. Daneben regelt das SGB XII eine Reihe von Ansprüchen auf Leistungen in Lebenslagen wie Krankheit, Behinderung, Pflegebedürftigkeit, Alter etc., die die Gewährleistung eines menschenwürdigen Existenzminimums bei besonderen Bedarfen sichern sollen.

AusländerInnen, d.h. sowohl BürgerInnen der Europäischen Union[17] als auch Drittstaatsangehörige, können grundsätzlich Leistungen zur Sicherung des Existenzminimums nach dem SGB II und SGB XII unter denselben

---

16 Die Grundleistungen nach § 3 AsylbLG sollen den notwendigen Bedarf an Ernährung, Unterkunft, Heizung, Kleidung, Gesundheitspflege und Gebrauchs- und Verbrauchsgütern des Haushalts von Leistungsberechtigten gem. § 1 AsylbLG abdecken. Gem. § 6 AsylbLG können im Einzelfall zur Sicherung des Lebensunterhalts unerlässliche Leistungen gewährt werden.

17 Für BürgerInnen des Europäischen Wirtschaftsraums und der Schweiz vgl. Johannes Greiser/Davor Susnjar, Der Anspruch auf Teilhabe an Sozialleistungen im Europäischen Wirtschaftsraum und der Schweiz, in: ZESAR 2015/2, S. 60–68.

Bedingungen beziehen wie Deutsche. Allerdings enthalten sowohl das SGB II als auch das SGB XII besondere Voraussetzungen für den Bezug von AlG II und Sozialhilfe durch AusländerInnen. Für Staatsangehörige von Mitgliedstaaten der Europäischen Union gelten dabei aufgrund ihres Status als UnionsbürgerInnen besondere Regelungen, die im Folgenden am Beispiel des Anspruchs auf Leistungen der sozialen Grundsicherung nach dem SGB II dargestellt werden.

2.3 Die besonderen Voraussetzungen der Leistungen zur Gewährleistung eines menschenwürdigen Existenzminimums für AusländerInnen

2.3.1 Rechtliche Erwerbsfähigkeit

Nach § 19 Abs. 1 S. 1 i.V.m. § 7 Abs. 1 Nr. 1 SGB II erhalten nur erwerbsfähige Personen AlG II. Erwerbsfähig sind gem. § 8 Abs. 1 SGB II Personen, die nicht auf absehbare Zeit durch Krankheit oder Behinderung daran gehindert sind, mindestens 3 Stunden täglich unter den üblichen Bedingungen des allgemeinen Arbeitsmarktes erwerbstätig zu sein. Für AusländerInnen verlangt § 8 Abs. 2 SGB II darüber hinaus die rechtliche Erwerbsfähigkeit, d.h. eine Beschäftigungserlaubnis oder die Möglichkeit einer Beschäftigungserlaubnis. Nach der Rechtsprechung des Bundessozialgerichts (BSG) reicht für UnionsbürgerInnen die Möglichkeit, dass eine Beschäftigung erlaubt werden könnte, aus.[18]

2.3.2 Gewöhnlicher Aufenthalt: kein Rechtmäßigkeitserfordernis

Gem. § 19 Abs. 1 S. 1 i.V.m. § 7 Abs. 1 S. 1 Nr. 4 SGB II ist der gewöhnliche Aufenthalt in Deutschland Voraussetzung des Anspruchs auf Arbeitslosengeld II. Den gewöhnlichen Aufenthalt hat jemand – nach der Legaldefinition des § 30 Abs. 3 S. 2 SGB I, der auch im Bereich des SGB II gilt (§ 37 SGB I) – dort, „wo er sich unter Umständen aufhält, die erkennen lassen, dass er an diesem Ort oder in diesem Gebiet nicht nur vorübergehend verweilt". Das Bundessozialgericht hat in seiner Entscheidung vom 30.1.2013 klargestellt, dass dies anhand der tatsächlichen Verhältnisse zu prüfen ist.[19] Auf rechtliche Anforderungen an den Aufenthalt,

---

18 BSG, Urteil vom 30.1.2013 – B 4 AS 54/12 R, RdNr. 15.
19 BSG ebd. RdNr. 19 ff.

d.h. eine bestimmte Freizügigkeitsberechtigung nach dem FreizügG/EU oder einen Aufenthaltstitel nach dem AufenthG kommt es dabei nicht mehr an. Für UnionsbürgerInnen gilt dies umso mehr, als seit der Einführung der Unionsbürgerschaft durch den Vertrag von Maastricht jede/r Angehörige eines Mitgliedstaates der Europäischen Union unabhängig von ihrem/seinem sozialökonomischen Status (z.B. als Arbeitnehmer, Selbstständiger, Familienangehöriger) ein unmittelbar aus dem Status als UnionsbürgerIn ableitbares grundsätzliches Aufenthaltsrecht in allen Mitgliedstaaten hat. Solange durch die zuständigen Behörden nicht der Wegfall des Aufenthaltsrecht gem. §§ 5, 7 FreizügG/EU festgestellt wurde, besteht wegen einer generellen Freizügigkeitsvermutung zugunsten von UnionsbürgerInnen keine Ausreiseverpflichtung.[20] Der Aufenthalt unter diesen Voraussetzungen erfüllt, auch wenn kein materielles Freizügigkeitsrecht nach der Richtlinie 2004/38/EG besteht, soweit die tatsächlichen Verhältnisse für einen verfestigten, zukunftsoffenen Aufenthalt sprechen, die Anforderungen an den gewöhnlichen Aufenthalt in Deutschland im Sinne des § 7 Abs. 1 S. 1 Nr. 4 SGB II.[21]

2.3.3 Ausschluss von AusländerInnen

Trotz der Erfüllung aller Anspruchsvoraussetzungen sind AusländerInnen gem. § 7 Abs. 1 S. 2 SGB II unter bestimmten Voraussetzungen vom Bezug von AlG II ausgeschlossen.

2.3.3.1 Die Ausschlusstatbestände des § 7 Abs. 1 S. 2 SGB II

§ 7 Abs. 1 S. 2 SGB II unterscheidet dabei drei Varianten:

- Ausgeschlossen sind zunächst AusländerInnen und ihre Familienangehörigen während der ersten drei Monate ihres Aufenthalts, § 7 Abs. 1 S. 2 Nr. 1. Dies betrifft insbesondere UnionsbürgerInnen und ihre Familienangehörigen, die mit einem gültigen Personalausweis oder Reisepass ohne Visum nach Deutschland einreisen (§ 2 Abs. 4 FreizügG/EU) und sich dort ohne einen Aufenthaltstitel bis zu drei Monaten aufhalten dürfen (§ 2 Abs. 4, 5 S. 1 FreizügG/EU).

---

20 BSG v. 3.12.2015 – B 4 AS 44/15 R, RdNr. 34.

21 Vgl. Frank Schreiber, Europäische Sozialrechtskoordinierung und Arbeitslosengeld II-Anspruch, in: NZS 2012, S. 647 ff. (649) m.w.Nw.

- Ausgeschlossen sind weiterhin AusländerInnen, deren Aufenthaltsrecht sich allein aus dem Zweck der Arbeitsuche ergibt, und ihre Familienangehörigen (§ 7 Abs. 1 S. 2 Nr. 2 SGB II). Auch diese Regelung trifft vor allem UnionsbürgerInnen, da diese zur Arbeitsuche gem. § 2 Abs. 2 Nr. 1 a FreizügG/EU bis zu 6 Monaten unionsrechtlich freizügigkeitsberechtigt sind. Nach 6 Monaten müssen sie nachweisen, dass sie weiterhin Arbeit suchen und begründete Aussicht haben, eingestellt zu werden (§ 2 Abs. 1 Nr. 1a a.E. FreizügG/EU). Sie sind während dieser Zeit grundsätzlich vom Bezug von AlG II ausgeschlossen.

- Ausgeschlossen von Leistungen nach dem SGB II sind auch Leistungsberechtigte nach § 1 Asylbewerberleistungsgesetz (§ 7 Abs. 1 S. 2 Nr. 3 SGB II). Sie erhalten nach der oben dargestellten Systematik der sozialen Mindestsicherung in Deutschland Leistungen aus einem besonderen System zur Gewährleistung eines menschenwürdigen Existenzminimums, dem Asylbewerberleistungsgesetz.

- Das Bundessozialgericht hat in seiner jüngsten Rechtsprechung mit einem sogenannten Erst-Recht-Schluss auch diejenigen UnionsbürgerInnen unter die Ausschlussvorschrift des § 7 Abs. 1 S. 2 SGB II gebracht, die zwar gem. § 2 Abs. 1 Nr. 1 a, Abs. 4, 5 FreizügG/EU formal freizügigkeitsberechtigt sind, solange nicht gem. §§ 6 ff. FreizügG/EU der Verlust des Rechts auf Einreise und Aufenthalt festgestellt wurde, die aber nicht über eine materielle Aufenthaltsberechtigung verfügen, die sich aus einem rechtmäßigen Aufenthalt zur Arbeitsuche ergibt, weil sie z.B. überhaupt keine Arbeit suchen oder ihre Arbeitsuche keine ausreichende Chance auf Erfolg hat.[22] Sie sind daher auch vom Bezug von AlG II ausgeschlossen.

2.3.3.2 Gegenausschlüsse gem. § 7 Abs. 1 S. 2 SGB II

Nach der Systematik des § 7 Abs. 1 S. 2 SGB II erfassen die Leistungsausschlüsse wegen erstmaligen Aufenthalts bis zu drei Monaten und Aufenthaltsrecht ausschließlich zur Arbeitsuche nicht alle UnionsbürgerInnen, für die die genannten Tatbestandsmerkmale zutreffen. *Nicht* ausgeschlossen gem. § 7 Abs. 1 S. 2 SGB II sind

- UnionsbürgerInnen und ihre Familienangehörigen, die bereits als ArbeitnehmerInnen oder Selbständige in Deutschland erwerbstätig sind. Ihr

---

22 BSG, Urteil v. 3.12.2015 - B 4 AS 44/15 R, RdNr. 19, und BSG, Urteil v. 16.12.2015 - B 14 AS 15/14 R, RdNr. 20. Vgl. dazu ausführlicher unten 4.3.

Aufenthaltsrecht ergibt sich aus den Grundfreiheiten der Freizügigkeit und der Niederlassungsfreiheit.[23] Die zur Konkretisierung dieser Grundfreiheiten erlassene Richtlinie 38/2004/EG wurde mit dem Gesetz über die allgemeine Freizügigkeit von Unionsbürgern (Freizügigkeitsgesetz/EU-FreizügG/EU)[24] in Deutschland umgesetzt. § 2 Abs. 2 S. 1 Nr. 1 und 2 enthalten die entsprechenden Freizügigkeitsrechte. Dabei ist auf den weiten Arbeitnehmer- (Art. 45 AEUV) bzw. Selbständigen- (Art. 49 AEUV) Begriff des EuGH abzustellen. Danach liegt eine Tätigkeit als Selbständiger oder ArbeitnehmerIn bereits dann vor, wenn eine wirkliche, nicht völlig unwesentliche Erwerbstätigkeit ausgeübt wird, auch wenn damit kein existenzsicherndes Einkommen erzielt wird.[25] Auch bei einer „begrenzten Höhe der Vergütung und einer kurzen Dauer der Beschäftigung" kann nicht ausgeschlossen werden, dass die Beschäftigung „aufgrund einer Gesamtbewertung des betreffenden Arbeitsverhältnisses von den nationalen Stellen als tatsächlich und echt angesehen werden kann und somit erlaubt, dem Beschäftigten die Arbeitnehmereigenschaft … zuzuerkennen."[26] Dafür kann schon ein monatlicher Verdienst von 100 Euro bei 7,5 Arbeitsstunden im Monat ebenso wie eine Arbeitsdauer von weniger als einem Monat ausreichen.[27]

- UnionsbürgerInnen, die bereits in Deutschland erwerbstätig waren und vorübergehend nicht erwerbstätig sein können,

  - wegen Krankheit oder Unfall (§ 2 Abs. 3 S. 1 Nr. 1 FreizügG/EU)

  - wegen unfreiwilliger durch die zuständige Agentur für Arbeit bestätigter Arbeitslosigkeit oder wegen Einstellung einer selbständigen Tätigkeit , infolge von Umständen, auf die der Selbständige keinen Einfluss hatte, nach mehr als einem Jahr Erwerbstätigkeit (§ 2 Abs. 3 S. 1 Nr. 2 FreizügigG/EU)[28]

---

23 Vgl. dazu unten 3.4.

24 Vom 30. Juli 2004 (BGBl. I S. 1950).

25 EuGH, Urteil v. 3.7.1986 – C-66/85 (Lawrie-Blum), RdNr. 16 f., EuGH, Urteil v. 26.2.1992 – C-3/90 (Bernini), RdNr. 14.

26 EuGH, Urteil v. 4.6.2009 – C-22/08 und C-23/08 (Vatsouras/Koupatantze), RdNr. 24–30.

27 Ute Kötter, Ansprüche von BürgerInnen der Europäischen Union auf Leistungen der sozialen Grundsicherung nach dem SGB II zwischen Gleichbehandlungsanspruch und Demokratieprinzip, in: info also 2013, S. 243 ff. (245).

28 Bei kürzerer Erwerbstätigkeit als 1 Jahr gilt die Nachwirkung des Arbeitnehmer- bzw. Selbstständigenstatus aber nur für ein halbes Jahr (§ 2 Abs. 3 S. 2 FreizügG/EU).

- oder bei Aufnahme einer Berufsausbildung, wenn zwischen der Ausbildung und der früheren Erwerbstätigkeit ein Zusammenhang besteht (§ 2 Abs. 3 S. 1 Nr. 3 FreizügG/EU).

- Schließlich sind auch UnionsbürgerInnen, deren Aufenthaltsrecht sich nicht allein aus dem Zwecke der Arbeitsuche ergibt, nicht vom Bezug von AlG II ausgeschlossen. Dies sind neben denjenigen, die ein Daueraufenthaltsrecht nach fünf Jahren rechtmäßigen Aufenthalts im Bundesgebiet erworben haben (§ 4 a FreizügG/EU), und Familienangehörigen gem. § 3 FreizügG/EU nach der Rechtsprechung des BSG[29] auch UnionsbürgerInnen, die ein über die Sorge für ein Kind vermitteltes Aufenthaltsrecht haben.[30]

3 Der Ausschluss von UnionsbürgerInnen von Leistungen der Sicherung des Existenzminimums im Lichte des unionsrechtlichen Gleichbehandlungsgrundsatzes

3.1 Freizügigkeit und Gleichbehandlungsgrundsatz im Recht der Europäischen Union

Der Ausschluss von UnionsbürgerInnen von Leistungen der sozialen Mindestsicherung des Aufnahmelandes begegnet in den letzten Jahren zunehmend europarechtlichen Bedenken. Kritisiert wird vor allem ein Verstoß gegen den unionsrechtlichen Gleichbehandlungsgrundsatz.[31]

Dieser ist sowohl im europäischen Primärrecht, d.h. den zwischen den Mitgliedstaaten der Europäischen Union geschlossenen Verträgen, derzeit dem Vertrag über die Europäische Union[32] und dem Vertrag über die Arbeitsweise der Europäischen Union[33] sowie der gem. Art. 6 Abs. 1 EUV

---

29 BSG vom 30.1.2013 – B 4 AS 54/12 R, RdNr 23.

30 Kötter, ebd. S. 246 m.w.Nw.

31 Vgl. Thorsten Kingreen, Staatsangehörigkeit als Differenzierungskriterium im Sozialleistungsrecht. Zur Vereinbarkeit von §7 Abs. 1 S. 2 Nr. 2 SGB II mit europäischem Unions- und deutschem Verfassungsrecht, in: SGb 2013, 132 ff.; Daniel Thym, Die Rückkehr des „Marktbürgers" – Zum Ausschluss nicht erwerbstätiger EU-Bürger von Hartz IV-Leistungen, in: NJW 2015, S. 130 ff.

32 Konsolidierte Fassung bekanntgemacht im ABl. EG Nr. C 115 vom 9.5.2008, S. 13.

33 Konsolidierte Fassung bekanntgemacht im ABl. EG Nr. C 115 vom 9.5.2008, S. 47.

gleichrangingen Charta der Grundrechte der Europäischen Union[34], als auch im europäischen Sekundärrecht, d.h. den von den Organen der Europäschen Union erlassenen Rechtsakten, verankert. Sowohl das Primär- als auch das Sekundärrecht der Europäischen Union haben Vorrang vor Regelungen des nationalen Rechts.[35]

3.2 Keine Anwendbarkeit der Charta der Grundrechte der Europäischen Union

Das in Art. 21 GR-Charta geregelte Verbot der Diskriminierung aus Gründen der Staatsangehörigkeit ist im vorliegenden Fall nicht zu berücksichtigen. Die beim EU-Gipfel in Nizza proklamierte Charta der Grundrechte der Europäischen Union wurde durch den Vertrag von Lissabon Bestandteil des Primärrechts. Sie enthält einen Grundrechtskatalog, der erstmals die in der Europäischen Konvention zum Schutz der Menschenrechte und Grundfreiheiten (EMRK) geregelten Grundrechte[36] und die sich aus den gemeinsamen Verfassungsüberlieferungen der Mitgliedstaaten ergebenden Grundrechte (Art. 6 Abs. 3 EUV) in einem „schriftlich formulierten Konzentrat" zusammenfasst[37]. Gem. Art. 51 GR-Charta gilt diese für die Organe, Einrichtungen und sonstigen Stellen der Union unter Wahrung des Subsidiaritätsprinzips, für die Mitgliedstaaten ausschließlich bei Durchführung des Rechts der Union. Bei der Regelung des Zugangs zu Sozialsystemen handelt es sich jedoch um Recht der Mitgliedstaaten. Nach der Verteilung der Gesetzgebungskompetenzen in der Europäischen Union[38] sind die Mitgliedstaaten zuständig für die Regelung der Systeme sozialer Sicherheit, einschließlich der Voraussetzungen sozialer Leistungen. Da die Mitgliedstaaten mit der Gestaltung ihrer Wohlfahrtsstaaten nicht das Recht der Union durchführen, findet das Diskriminierungsverbot der GR-Charta hinsichtlich der Regelung des § 7 Abs. 1 S. 2 SGB II keine Anwendung (Art. 51 Abs. 1 GR-Charta).[39]

---

34 Charta der Grundrechte der Europäischen Union vom 12.12.2007 (ABl. Nr. C 303, S.1).

35 Ständige Rechtsprechung des EuGH seit der Rechtssache 26/62 (van Gend & Loos).

36 Die Europäische Union ist der EMRK (v. 4.11.1950), in der Bekanntmachung vom 22.10.2010 (BGBl. II S. 1198), beigetreten (Art. 6 Abs. 2 EUV).

37 Friedhelm Hufen, Staatsrecht II, Grundrechte, 4. Aufl. 2014, München, S. 38, RdNr. 11.

38 Vgl. insb. den Grundsatz der begrenzten Einzelermächtigung (Art. 5 Abs. 2 EUV).

39 EuGH, Urteil vom 11.11.2014, C-333/13 (Dano), RdNr. 85 ff.

3.3 Keine Anwendbarkeit des Europäischen Fürsorgeabkommens

Der Leistungsausschluss nach § 7Abs. 1 S. 2 SGB II könnte auch gegen das Gleichbehandlungsgebot gem. Art. 1 Europäisches Fürsorgeabkommen (EFA)[40] verstoßen. Das EFA ist ein internationales Abkommen, das 1953 von den Mitgliedern des Europarats unterzeichnet wurde. Es sieht die Gleichbehandlung von BürgerInnen der vertragsschließenden Staaten, die sich rechtmäßig auf dem Gebiet eines anderen Unterzeichnerstaates aufhalten, hinsichtlich von Fürsorgeleistungen vor. Allerdings wurde das Abkommen nicht von allen 28 Mitgliedstaaten der EU unterzeichnet.[41] Staatsangehörige von Mitgliedstaaten der EU, die das Abkommen nicht unterzeichnet haben, z.B. Bulgarien, fallen nicht in den persönlichen Anwendungsbereich des Abkommens.[42]

Hinsichtlich des sachlichen Anwendungsbereichs hat sich das BSG der Meinung der Bundesregierung angeschlossen, dass das EFA im Rahmen des SGB II aufgrund des von der Bundesrepublik Deutschland mit Wirkung vom 19.12.2011 nachträglich erklärten Vorbehalts nicht anwendbar ist, auch wenn die Leistungen zur Sicherung des Lebensunterhalts nach dem SGB II als Fürsorgeleistungen anzusehen sind.[43] Auch wenn das SGB II zum Zeitpunkt der Notifizierung schon in Kraft war, ist es als neues Gesetz im Sinne von Art. 16 b S. 2 EFA anzusehen, da es noch nicht im Annex zum EFA aufgeführt ist.[44]

3.4 Unionsbürgerschaft und Freizügigkeit

Art. 20 AEUV verleiht jeder Person, die die Staatsangehörigkeit eines Mitgliedstaates besitzt, den Status eines Unionsbürgers.[45] Aus der Unionsbürgerschaft werden bestimmte Rechte wie die Freizügigkeit (Art. 21 Abs. 1 AEUV) abgeleitet. *„Jeder Unionsbürger hat das Recht, sich im Hoheitsgebiet der Mitglied-*

---

40 vom 11. Dezember 1953 (BGBl. II 1956, S. 564). Das EFA ist unmittelbar geltendes Bundesrecht (vgl. dazu BSG, Urteil vom 19. Oktober 2010 - B 14 AS 23/10 R).

41 Es wurde von folgenden Vertragsstaaten unterzeichnet: Belgien, Dänemark, Deutschland, Estland, Frankreich, Griechenland, Irland, Island, Italien, Luxemburg, Malta, Niederlande, Norwegen, Portugal, Schweden, Spanien, Türkei, Vereinigtes Königreich.

42 Vgl. Eberhard Eichenhofer, Anmerkung zum Urteil des 14. Senats des BSG vom 19. 10. 2010 – B 14 AS 23/10, in SGB 2011, S. 458 ff.

43 BSG, Urteil vom 3.12.2015 – B 4 AS 43/15 R, RdNr. 22 f.

44 Vgl. dazu ausführlich Landessozialgericht Berlin-Brandenburg vom 9.11.2012 – L 29 AS 1782/12 B ER, RdNr. 46 ff.

45 EuGH C-333/13 (Dano), Fn. 39,RdNr. 57.

staaten vorbehaltlich der in den Verträgen und Durchführungsvorschriften vorgesehenen Beschränkungen und Bedingungen frei zu bewegen und aufzuhalten."

Der primärrechtliche Gleichbehandlungsgrundsatz des Art. 18 AEUV soll Staatsangehörigen der europäischen Mitgliedstaaten, die von ihrer Freizügigkeit als UnionsbürgerInnen (Art. 20 Abs. 2 S. 2 lit a, Art. 21 AEUV) Gebrauch machen, die Gleichbehandlung mit BürgerInnen des Aufnahmestaates garantieren: *„Unbeschadet besonderer Bestimmungen der Verträge ist in ihrem Anwendungsbereich jede Diskriminierung aus Gründen der Staatsangehörigkeit verboten"* (Art. 18 S.1 AEUV).

Konkretisiert wird das Recht auf Freizügigkeit in der Unionsbürger-Richtlinie (Rl 2004/38/EG)[46], die in Art. 24 Abs. 1 den Gleichbehandlungsgrundsatz regelt:

„Vorbehaltlich spezifischer und ausdrücklich im Vertrag und im abgeleiteten Recht vorgesehener Bestimmungen genießt jeder Unionsbürger, der sich aufgrund dieser Richtlinie im Hoheitsgebiet des Aufnahmemitgliedstaats aufhält, im Anwendungsbereich des Vertrags die gleiche Behandlung wie die Staatsangehörigen dieses Mitgliedstaats."

3.5 Arbeitnehmerfreizügigkeit

Neben der seit dem Vertrag von Maastricht für alle Unionsbürger geltenden Freizügigkeitsregelung enthält Art. 45 Abs. 1, 2 AEUV eine – schon in den Gründungsverträgen (Römische Verträge) verankerte – speziellere Regelung für ArbeitnehmerInnen:

*   *„Innerhalb der Union ist die Freizügigkeit der Arbeitnehmer gewährleistet. Sie umfasst die Abschaffung jeder auf der Staatsangehörigkeit beruhenden unterschiedlichen Behandlung der Arbeitnehmer der Mitgliedstaaten in Bezug auf Beschäftigung, Entlohnung und sonstige Arbeitsbedingungen" (Art. 45 Abs. 1 und Abs. 2 AEUV)*

Gem. Art. 48 AEUV kann die Europäische Union durch Verordnung die auf dem Gebiet der sozialen Sicherheit für die Herstellung der Freizügigkeit der Arbeitnehmer notwendigen Maßnahmen beschließen (sog. freizügigkeitsspezifisches Sozialrecht)[47]. Die sog. Koordinierungs-Verordnung

---

46 Richtlinie 2004/38/EG des Europäischen Parlaments und des Rates vom 29 April 2004 über das Recht der Unionsbürger und ihrer Familienangehörigen, sich im Hoheitsgebiet der Mitgliedstaaten frei zu bewegen und aufzuhalten, ABl. L 158 v. 30.4.2004, S. 77.

47 Richtlinie 2004/38/EG des Europäischen Parlaments und des Rates vom 29. April 2004 über das Recht der Unionsbürger und ihrer Familienangehörigen, sich im Hoheitsgebiet der Mitgliedstaaten frei zu bewegen und aufzuhalten, ABl. L 158 v. 30.4.2004, S. 77.

(VO (EG) 883/2004)[48] regelt in Art. 4 die Gleichbehandlung hinsichtlich der Ansprüche auf Soziale Sicherheit:

- *„Sofern in dieser Verordnung nichts anderes bestimmt ist, haben Personen, für die diese Verordnung gilt, die gleichen Rechte und Pflichten aufgrund der Rechtsvorschriften eines Mitgliedstaats wie die Staatsangehörigen dieses Staates."*

Daneben regelt die speziell für ArbeitnehmerInnen geltende VO 492/2011 über die Freizügigkeit der Arbeitnehmer innerhalb der Union[49] in Art. 7 Abs. 2, dass ArbeitnehmerInnen aus anderen Mitgliedstaaten die gleichen sozialen und steuerlichen Vergünstigungen erhalten wie inländische Arbeitnehmerinnen. Zu den Vergünstigungen zählen alle Zuwendungen an einzelne, in einem Mitgliedstaat arbeitende Personen, die das Ziel haben, deren wirtschaftliche und soziale Lage zu verbessern.[50]

3.6 Unionsbürger als Sozialbürger?

Der EuGH hat in einer Reihe von Entscheidungen[51] seit den 1990er Jahren aus den genannten Normen des Primärrechts einen Zusammenhang zwischen dem „Recht auf Aufenthalt" (als Ausfluss der Freizügigkeit) und dem „Recht im Aufenthalt" (Anspruch auf Inländergleichbehandlung) herausgearbeitet. Er leitet aus dem Unionsbürgerstatus einen weitgehenden Anspruch auf Inländergleichbehandlung ab, der einem „Sozialbürgerstatus" gleich kommt:

„Der Unionsbürgerstatus ist (…) dazu bestimmt, der grundlegende Status der Angehörigen der Mitgliedstaaten zu sein, der es denjenigen unter ihnen, die sich in der gleichen Situation befinden, erlaubt, unabhängig von ihrer Staatsangehörigkeit und unbeschadet der insoweit ausdrücklich vorgesehenen Ausnahmen die gleiche rechtliche Behandlung zu genießen."[52]

---

48 Verordnung (EG) Nr. 883/2004 des Europäischen Parlaments und des Rates vom 29. April 2004 zur Koordinierung der Systeme der sozialen Sicherheit, ABl. L 166/2004. Zusätzlich ist die Durchführungsverordnung 987/09 vom 16.9.2009, ABl. L 284/2009 zu beachten.

49 ABl. L 131 vom 25.5.2011.

50 Vgl. Stamatia Devetzi, Die "Verbindung" zu einem (Sozial-)Staat: Wann ist der Bund stark genug?, in: EUR 6/2014, S. 638–658.

51 Vgl. dazu Thorsten Kingreen, In love with the single market? Die EuGH-Entscheidung zum Ausschluss von Unionsbürgern von sozialen Grundsicherungsleistungen, in: NVwZ 2015, S. 1503 ff. m.w.Nw.

52 EuGH, Urteil v. 20.9.2001 – C-184/99 (Grzelcyk), RdNr. 31.

Eine Regelung wie die des § 7 Abs. 1 S. 2 SGB II, die UnionsbürgerInnen vom Recht auf Leistungen der Sicherung des Existenzminimums ausschließt, könnte damit den Anspruch auf Inländergleichbehandlung verletzen.

4 Die Rechtsprechung des EuGH in den Fällen Dano und Alimanovic

Die in einer Vielzahl von Urteilen und Fachveröffentlichungen vorgetragenen Zweifel an der Vereinbarkeit von § 7 Abs. 1 S. 2 SGB II mit dem unionsrechtlichen Gleichbehandlungsanspruch führten in mehreren Fällen zu Vorabentscheidungsverfahren[53] beim Gerichtshof der Europäischen Union.[54]

4.1 Die Entscheidung des EuGH in der Rechtssache Dano (C-333/13)

Im Fall Dano[55], der vom Sozialgericht Leipzig dem EuGH vorgelegt worden war, hatte das Jobcenter Leipzig zwei rumänischen Staatsangehörigen, Frau Dano und ihrem Sohn Florin, Leistungen der Grundsicherung nach dem SGB II verweigert. Frau Dano war nicht nach Deutschland eingereist, um dort Arbeit zu suchen. Sie verfügt nur über geringe schulische Bildung und hat keine berufliche Qualifikation. Bis zur Antragstellung war sie weder in Rumänien noch in Deutschland erwerbstätig. Sie lebt seit November 2010 mit ihrem Sohn bei ihrer Schwester in Deutschland, die sie auch mit Naturalien versorgte. Frau Dano berief sich auf ihren Unionsbürgerstatus und das damit verbundene Recht auf Gleichbehandlung.

Der EuGH bestätigt in seiner Entscheidung zunächst seine ständige Rechtsprechung zur Unionsbürgerschaft als grundlegendem Status der Staatsangehörigen der Mitgliedstaaten und zum damit verknüpften Anspruch auf Gleichbehandlung: „Jeder Unionsbürger kann sich daher in allen Situationen, die in den sachlichen Anwendungsbereich des Unionsrechts fallen, auf das Verbot der Diskriminierung aus Gründen der Staatsangehörigkeit

---

53 Der EuGH entscheidet im Vorabentscheidungsverfahren gem. Art. 267 AEUV auf Vorlage nationaler Gerichte über die Auslegung des Primärrechts und über die Gültigkeit und die Auslegung des Sekundärrechts.

54 Vgl. hierzu und zum Folgenden Ute Kötter, Hartz IV für alle EuropäerInnen? Chancen und Grenzen der europäischen Sozialpolitik im Recht der Europäischen Union, in: Peter Hammerschmidt/Ute Kötter/Juliane Sagebiel (Hrsg.), Die Europäische Union und die Soziale Arbeit, Neu-Ulm 2016, S. 99–117.

55 EuGH, C-333/13 (Dano), Fn. 39.

in Art. 18 AEUV berufen. Zu diesen Situationen gehören diejenigen, die die Ausübung der durch Art. 20 Abs. 2 Unterabs. 1 Buchst. a AEUV und Art. 21 AEUV verliehenen Freiheit betreffen, sich im Hoheitsgebiet der Mitgliedstaaten zu bewegen und aufzuhalten (…).“[56]

Er hebt aber auch hervor, dass die Rechte, die die Unionsbürgerschaft verleiht, nach Art. 20 Abs. 2 Unterabs. 2 AEUV und Art. 21 Abs. 1 AEUV unter den Bedingungen und innerhalb der Grenzen ausgeübt werden, die in den Verträgen und den in Anwendung der Verträge erlassenen Normen des Sekundärrechts festgelegt sind.[57] Daher seien Art. 24 der Richtlinie 2004/38/EG, der das Diskriminierungsverbot nach Art. 18 AEUV konkretisiert, und Art. 4 der Verordnung 883/2004, der den Gleichbehandlungsgrundsatz konkretisiert, auszulegen.[58] Bei den Leistungen zur Sicherung des Lebensunterhalts nach dem SGB II handle es sich sowohl um besondere beitragsunabhängige Leistungen i.S.d. Art. 70 i.V.m. Art. 4 VO 883/2004[59] als auch um Sozialhilfe i.S.d. Art. 24 Rl 2004/38/EG[60]. Zwar ist der Export besonderer beitragsunabhängiger Leistungen nach Art. 70 Abs. 3 VO 883/2004 ausgeschlossen, da sie sowohl Merkmale der durch die VO 883/2004 koordinierten Systeme sozialer Sicherheit aufweisen als auch solche der steuerfinanzierten, einkommensabhängigen Sozialhilfe, die nicht der VO 883/2004 unterliegt. Für sie gilt jedoch grundsätzlich auch der Gleichbehandlungsgrundsatz des Art. 4 VO 883/2004. Dies setzte jedoch einen rechtmäßigen Aufenthalt im Sinne der Rl 2004/38/EG voraus.[61] Diesen könne Frau Dano aber nicht nachweisen, da sie sich länger als drei Monate in Deutschland aufhalte, aber keinen der Freizügigkeittatbestände gem. Art. 6, 7 der Rl 2004/38/EG erfülle und

---

56 EuGH, C-333/13 (Dano), Fn. 39, RdNr 58 f.

57 EuGH, C-333/13 (Dano), Fn. 39, RdNr. 60; Urteil Brey, C-140/12, RdNr. 46.

58 EuGH, C-333/13 (Dano), Fn. 39, RdNr. 62.

59 Die Leistungen zur Sicherung des Lebensunterhalts nach dem SGB II waren von der Bundesregierung ausdrücklich als besondere beitragsfreie Leistungen notifiziert und entsprechend in den Anhang X VO (EG) 883/2004 aufgenommen worden. Vgl. dazu ausführlich Kötter, Fn. 27, S. 248 f.

60 EuGH, C-333/13 (Dano), Fn. 39, RdNr. 63. Dies hatte der EuGH bereits in der RS Brey, RdNr. 61 entschieden. Dieser Begriff beziehe „sich nämlich auf sämtliche von öffentlichen Stellen eingerichteten Hilfssysteme, die auf nationaler, regionaler oder örtlicher Ebene bestehen und die ein Einzelner in Anspruch nimmt, der nicht über ausreichende Existenzmittel zur Bestreitung seiner Grundbedürfnisse und derjenigen seiner Familie verfügt und deshalb während seines Aufenthalts möglicherweise die öffentlichen Finanzen des Aufnahmemitgliedstaats belasten muss, was geeignet ist, sich auf das gesamte Niveau der Beihilfe auszuwirken, die dieser Staat gewähren kann“.

61 Vgl. hierzu und zum Folgenden EuGH C-333/13 (Dano), Fn.39, Rdnr. 68 ff.

auch noch kein Daueraufenthaltsrecht i.S.d. Art. 16 Abs. 1 Rl 2004/38/EG erworben habe. Zu den Voraussetzungen eines rechtmäßigen Aufenthalts von nichterwerbstätigen UnionsbürgerInnen, die sich länger als 3 Monate, aber weniger als 5 Jahre im Aufnahmemitgliedstaat aufgehalten haben, gehöre, dass der nicht erwerbstätige Unionsbürger für sich und seine Familienangehörigen über ausreichende Existenzmittel verfügt. Diese Regelung solle – dem 10. Erwägungsgrund der Richtlinie 38/2004/EG zufolge – eine unangemessene Inanspruchnahme von Sozialhilfeleistungen des Aufnahmemitgliedstaats durch nicht erwerbstätige Staatsangehörige anderer Mitgliedstaaten verhindern.

Der EuGH entschied daher in seinem Urteil im Fall Dano, „dass die Unionsbürgerrichtlinie und die Verordnung zur Koordinierung der Systeme der sozialen Sicherheit einer nationalen Regelung nicht entgegenstehen, die Staatsangehörige anderer Mitgliedstaaten vom Bezug bestimmter, besonderer beitragsunabhängiger Geldleistungen' ausschließt, während Staatsangehörige des Aufnahmemitgliedstaats, die sich in der gleichen Situation befinden, diese Leistungen erhalten, sofern den betreffenden Staatsangehörigen anderer Mitgliedstaaten im Aufnahmemitgliedstaat kein Aufenthaltsrecht nach der Richtlinie zusteht."

Er knüpft damit den Anspruch auf Gleichbehandlung an die Voraussetzung eines rechtmäßigen Aufenthalts im Sinne der Unionsbürgerrichtlinie. Nach Meinung des EuGH muss ein Mitgliedstaat „gemäß Art. 7 der Richtlinie 2004/38 die Möglichkeit haben, nicht erwerbstätigen Unionsbürgern, die von ihrer Freizügigkeit allein mit dem Ziel Gebrauch machen, in den Genuss der Sozialhilfe eines anderen Mitgliedstaats zu kommen, obwohl sie nicht über ausreichende Existenzmittel für die Beanspruchung eines Aufenthaltsrechts verfügen, Sozialleistungen zu versagen."[62]

4.2 Die Entscheidung des EuGH in der Rechtssache Alimanovic

Diese Rechtsprechung hat der EuGH in seiner Entscheidung in der Rechtssache Alimanovic[63] auch für *arbeitsuchende* UnionsbürgerInnen, deren Aufenthalt in Deutschland länger als 3 Monate, aber kürzer als 5 Jahre war, bestätigt.[64] Frau Alimanovic und ihre drei Kinder sind schwedische Staatsangehörige.

---

62 EuGH, C-333/13, (Dano), Fn. 39, RdNr. 78.

63 EuGH v. 15.9.2015, C-67/14 (Alimanovic). Vgl. zum Folgenden insb. RdNr. 41 ff.

64 Vgl. Ute Kötter, Die Entscheidung des EuGH in der Rechtssache Alimanovic – das Ende der europäischen Sozialbürgerschaft?, in: info also 1/2016, S. 3–7.

Nach ihrer Ankunft in Deutschland waren Frau Alimanovic und ihre erwerbsfähige Tochter Sonita, die im Sinne der deutschen Rechtsvorschriften erwerbsfähig waren, zwischen Juni 2010 und Mai 2011 weniger als ein Jahr in kürzeren Beschäftigungen bzw. Arbeitsgelegenheiten tätig gewesen. Seit Mai 2011 waren sie überhaupt nicht mehr erwerbstätig und waren daher als arbeitsuchend im Sinne von § 2 Abs. 2 Nr. 1 FreizügG/EU anzusehen. Nachdem das zuständige Jobcenter Berlin-Neukölln unter Hinweis auf § 7 Abs. 1 S. 2 Nr. 2 SGB II den Bezug von Leistungen abgelehnt und Frau Alimanovic den Rechtsweg beschritten hatte, hatte das Bundessozialgericht den EuGH im Vorabentscheidungsverfahren angerufen, um die Frage klären zu lassen, „ob eine nationale Regelung, die arbeitsuchende Staatsangehörige anderer Mitgliedstaaten vom Bezug bestimmter Leistungen ausschließt, während Staatsangehörige des betreffenden Mitgliedstaats, die sich in der gleichen Situation befinden, diese Leistungen erhalten, mit Art. 24 Abs. 2 der Richtlinie 2004/38 sowie mit Art. 18 AEUV und Art. 45 Abs.2 AEUV vereinbar ist."[65]. Wie schon im Fall Dano entschied der EuGH, dass die Leistungen zur Sicherung des Lebensunterhalts nach SGB II sowohl als besondere beitragsunabhängige Leistungen i.S.d. Art. 70 VO 883/2004/EG als auch als Sozialhilfe i.S.d. Art. 14 Rl 2004/38/EG anzusehen seien. Er wiederholte auch seine Feststellung, dass Unionsbürger-Innen Gleichbehandlung mit Staatsangehörigen des Aufnahmemitgliedstaates nur verlangen könnten, wenn ihr Aufenthalt den Voraussetzungen eines rechtmäßigen Aufenthalts nach der Freizügigkeitsrichtlinie entspreche. Die Rl 2004/38/EG enthalte ein „abgestuftes System" für die Aufrechterhaltung der Erwerbstätigeneigenschaft bei Arbeitslosigkeit als Voraussetzung des Aufenthaltsrechts und damit des Zugangs zu Sozialhilfeleistungen des Aufnahmestaats[66]. Eine individuelle Prüfung einer unangemessenen Belastung des Sozialhilfesystems durch den Arbeitsuchenden[67] sei daher entbehrlich, da das abgestufte System der Rl 2004/38/EG „selbst verschiedene Faktoren, die die jeweiligen persönlichen Umstände der eine Sozialleistung beantragenden Person kennzeichnen, insbesondere die Dauer der Ausübung der Erwerbstätigkeit", berücksichtige.[68] Der Zeitraum von 6 Monaten, den Art. 14 Abs. 2 Rl 2004/38/EG für die Gewährung von Sozialhilfeleistungen nach Beendigung einer Erwerbstätigkeit von weniger als einem Jahr vorsehe, sei geeignet, um Rechtssicherheit und Trans-

---

65 EuGH v. 15.9.2015, C-67/14 (Alimanovic), RdNr. 41.

66 EuGH v. 15.9.2015, C-67/14 (Alimanovic), RdNr. 60.

67 Diese hatte der EuGH in der Rechtssache Brey verlangt: EuGH vom 19.9.2013, C-140/12 (Brey), RdNr. 65, 68, 79.

68 EuGH v. 15.9.2015 C-67/14 (Alimanovic), RdNr. 61.

parenz zu gewährleisten, und stehe auch im Einklang mit dem Prinzip der Verhältnismäßigkeit. Danach könnten arbeitsuchenden UnionsbürgerInnen wie Frau Alimanovic und ihrer Tochter, deren Erwerbstätigenstatus nicht mehr aufrechterhalten werde, Sozialhilfeleistungen gem. Art. 14 Abs. 4 Buchst. b i.V.m. Art. 24 Abs. 2 Rl 2004/38/EG verweigert werden. Die Entscheidung des EuGH hat zwar einerseits mehr Klarheit hinsichtlich der europarechtlichen Voraussetzungen des Ausschlusses von arbeitsuchenden UnionsbürgerInnen geschaffen, andererseits aber eine Reihe von Fragen offen gelassen. Neben europarechtlichen Fragen, wie der der Vereinbarkeit von Art. 24 Abs. 2 Rl 2004/38/EG mit dem Primärrecht, die der EuGH wohl inzident gemäß der lex specialis-Regel beantwortet, und der Frage, inwieweit sich aus der tatsächlichen Wahrnehmung der elterlichen Sorge ein Aufenthaltsrecht ergibt[69], sowie der Frage, ob der unionsrechtliche Gleichbehandlungsgrundsatz verlangt, arbeitsuchenden UnionsbürgerInnen ohne AlG II-Anspruch Eingliederungsleistungen nach dem SGB II zu gewähren, handelt es sich um Fragen nationalen Rechts, nämlich insbesondere die der Vereinbarkeit von § 7 Abs. 2 S. 1 SGB II mit nationalem Verfassungsrecht und möglichen Ansprüchen auf Leistungen nach dem SGB XII.

4.3 Die Rezeption der Entscheidungen Dano und Alimanovic in der Rechtsprechung des Bundessozialgerichts

Das Bundessozialgericht hat sich in seinem Urteil in der Rechtssache Alimanovic[70] und weiteren Urteilen der Rechtsauffassung des EuGH hinsichtlich der Reichweite des Leistungsausschlusses des § 7 Abs. 1 S. 2 Nr. 2 angeschlossen.[71]

Nach dem Wortlaut des § 7 Abs. 1 S. 2 Nr. 2 SGB II gilt der Ausschluss von Leistungen der Grundsicherung für Arbeitsuchende nur für diejenigen, deren Aufenthaltsgenehmigung ausschließlich auf dem Zweck der Arbeitsuche beruht. Danach wären diejenigen, die keine Aufenthaltsgenehmigung zum Zweck der Arbeitsuche haben, nicht vom Bezug von AlG II

---

69 Diese Frage war vom Generalanwalt Melchior Wathelet in seinen Schlussanträgen in der Rechtssache Alimanovic aufgeworfen worden (RdNr. 119–121). Vgl. dazu auch BSG, Urteil v. 3.12.2015 – B 4 AS 43/15 R, RdNr. 27 ff.: „ einem Ausschluss von SGB II-Leistungen entgegenstehende andere Aufenthaltsrechte von Kindern und betreuenden Eltern können sich auch aus von Kindern von Arbeitnehmern erworbenen Rechten auf Fortführung der Ausbildung nach Art. 10 VO (EU) 492/2011 ergeben".

70 EuGH C-67/14 (Alimanovic)., Fn. 63; BSG, Urteil v. 3.12.2015-B 4 AS 43/15 R.

71 BSG, Urteil vom 16.12.2015 – B 14 AS 15/14 R; B 14 AS 18/14 R; B 14 AS 33/14 R.

ausgeschlossen (und ihre mit ihnen in Bedarfsgemeinschaft lebenden Angehörigen hätten Anspruch auf Sozialgeld).

Das Bundessozialgericht widerspricht dieser Auffassung mit einem Erst-Recht-Argument: „Es kann dem Gesetzgeber nicht unterstellt werden, dass einerseits EU-Ausländer, die z.B. über eine materielle Freizügigkeitsberechtigung zur Arbeitsuche verfügen, von Leistungen nach dem SGB II, die auch der Integration in den Arbeitsmarkt dienen sollen, ausgeschlossen sind, andererseits aber EU-Ausländern, die ohne Bereitschaft zu arbeiten oder ohne Aussicht auf Arbeit, also ohne materielle Freizügigkeitsberechtigung, und ohne ausreichende eigene finanzielle Mittel sich in Deutschland aufhalten, Leistungen nach dem SGB II zu erbringen sind."[72]

Das Bundessozialgericht unterscheidet damit die generelle Freizügigkeitsvermutung, die für UnionsbürgerInnen in anderen Mitgliedstaaten gilt (Art. 20 AEUV), für deren rechtmäßige Einreise nach Deutschland ein gültiger Pass genügt (§ 2 Abs. 5 FreizügG/EU), von der materiellen Freizügigkeitsberechtigung, die an die Voraussetzungen des FreizügG/EU bzw. des AufenthG gebunden ist: „aufgrund dieser **generellen Freizügigkeitsvermutung** (Hervorhebung der Verf.) muss der Aufenthalt eines EU-Ausländers zumindest solange als rechtmäßig angesehen werden, bis die zuständige Ausländerbehörde das Nichtbestehen des **Freizügigkeitsrechts** (Hervorhebung der Verf.) aufgrund von § 5 Abs. 4 FreizügG/EU bzw. der Missbrauchstatbestände in § 2 Abs. 7 FreizügG/EU festgestellt und damit nach § 7 Abs. 1 FreizügG/EU die sofortige Ausreisepflicht begründet hat (…)."[73]

Leistungen nach dem SGB II können aber nur bezogen werden, wenn sich der/die UnionsbürgerIn auf eine nicht vom Leistungsausschluss nach § 7 Abs. 1 S. 2 SGB II erfasste Freizügigkeitsberechtigung oder auf ein Aufenthaltsrecht nach dem AufenthG (materielles Freizügigkeitsrecht) berufen kann. Dazu zählen beispielsweise die Freizügigkeitsberechtigung als ArbeitnehmerIn oder Selbständige gem. § 2 Abs. 2 Nr. 1 und 2 FreizügG/EU, Erbringer oder Empfänger von Dienstleistungen (§ 2 Abs. 2 Nr. 3 oder 4), Inhaber eines Daueraufenthaltsrechts (§ 2 Abs. 2 Nr. 7 FreizügG/EU) oder Familienangehörige (§ 2 Abs. 2 Nr. 6, § 3 FreizügG/EU) oder die nachwirkende Freizügigkeitsberechtigung nach § 2 Abs. 3 FreizügG/EU.[74] Aufenthaltsrechte von EU-BürgerInnen können sich auch aus dem

---

72 BSG, Urteil vom 3.12.2015 – B 4 AS 44/15 R, RdNr. 19 ff. So auch BSG, Urteil vom 16.12.2015 – B 14 AS 15/14 R, RdNr. 20 ff.

73 BSG, Urteil vom 3.12.2015 – B 4 AS 44/15 R, Rdnr. 34 m.w.Nw.

74 BSG, Urteil vom 20.1.2016 – B 14 AS 35/15 R, RdNr. 27.

AufenthaltsG ergeben (§ 11 Abs. 1 S. 11 FreizügG/EU). Dabei kann nach Meinung des BSG „nur ein Aufenthaltsrecht, das eine längerfristige Bleibeperspektive vermittelt und das deshalb auch einer Eingliederung in den Arbeitsmarkt nicht entgegensteht, ... als Ausnahme zu § 7 Abs. 1 S. 2 SGB II den Zugang zu Leistungen nach dem SGB II (...) eröffnen. Ohne längerfristige Bleibeperspektive ist die Eröffnung des Zugangs zu diesen Leistungen einschließlich denen zur Eingliederung in Arbeit nicht sachgerecht."[75]

5 Das Grundrecht auf Gewährleistung eines menschenwürdigen Daseins – (k)ein Menschenrecht?

5.1 Die Vereinbarkeit des Leistungsausschlusses des § 7 SGB II mit dem Grundgesetz

Der Ausschluss von UnionsbürgerInnen, die die Voraussetzung eines Aufenthalts mit längerfristiger Bleibeperspektive, an die das BSG den Anspruch auf AlG II bindet, nicht erfüllen, wirft allerdings die Frage auf, ob diese UnionsbürgerInnen sich nicht auf das Grundrecht auf Gewährleistung eines menschenwürdigen Daseins berufen können. Das Bundessozialgericht hat diese Frage unter Hinweis auf Ansprüche nach dem SGB XII gelöst: „Der Leistungsausschluss ist insbesondere schon deshalb mit dem Grundrecht auf Gewährleistung eines menschenwürdigen Existenzminimums aus Art. 1 Abs. 1 GG i.V.m. dem Sozialstaatsprinzip des Art 20 Abs. 1 GG vereinbar, weil ... existenzsichernde Leistungen ... nach § 23 Abs. 1 S. 3 SGB XII zu gewähren sind."[76]

Gem. § 23 Abs. 1 S. 1 SGB XII ist Ausländern, die sich im Inland *tatsächlich* aufhalten, Hilfe zum Lebensunterhalt, Hilfe bei Krankheit, Hilfe bei Schwangerschaft und Mutterschaft sowie Hilfe zur Pflege nach dem SGB XII zu leisten. Im Übrigen kann gem. § 23 Abs. 1 S. 3 Sozialhilfe geleistet werden, soweit dies im Einzelfall gerechtfertigt ist. Das SGB XII sieht daher neben einem Rechtsanspruch auf Sozialhilfe für AusländerInnen einen Ermessensanspruch vor.

---

75 BSG, Urteil vom 20.1.2016 – B 14 AS 35/15 R, RdNr. 29.

76 BSG, Urteil vom 20.1.2016 – B 14 AS 35/15 R, RdNr. 32.

5.1.1 Kein Ausschluss nach § 21 S. 1 SGB XII

Ein Anspruch nach § 23 Abs. 1 SGB XII könnte für UnionsbürgerInnen jedoch gem. § 21 SGB XII ausgeschlossen sein. § 21 SGB XII regelt – in Ergänzung zu § 5 Abs. 2 SGB II – die Konkurrenz zwischen Leistungen der Grundsicherung für Arbeitssuchende nach dem SGB II und Leistungen nach dem SGB XII. Gem. § 21 SGB XII können „Personen, die nach dem Zweiten Buch als Erwerbsfähige oder Angehörige dem Grunde nach leistungsberechtigt sind, (…) keine Leistungen für den Lebensunterhalt" erhalten. Die Bedeutung des Begriffs „ dem Grunde nach leistungsberechtigt" ist umstritten. Ein Teil der Rechtsprechung und der Lehre vertritt dabei die Ansicht, dass „dem Grunde nach leistungsberechtigt i.S.v. § 21 Satz 1 SGB XII bereits derjenige ist, der die allgemeinen Leistungsvoraussetzungen"[77], also Alter zwischen 15 Jahren und dem gesetzlichen Rentenalter, Erwerbsfähigkeit, Hilfebedürftigkeit und gewöhnlicher Aufenthalt in Deutschland, erfüllt. Zentrales Abgrenzungsmerkmal zwischen dem SGB II und SGB XII ist dabei – gestützt auf eine historische, vom Wortlaut des Gesetzes umfasste Auslegung – die Erwerbsfähigkeit.

Nach Meinung des BSG[78] kann hingegen die Systemabgrenzung zwischen SGB II und SGB XII nicht allein anhand des Kriteriums der Erwerbsfähigkeit erfolgen. Zwar ließen Gesetzesmaterialien der Hartz IV-Reform erkennen, dass die Erwerbsfähigkeit das zentrale Merkmal für die Zuweisung von Leistungsberechtigten in die Systeme des SGB II und des SGB XII sein sollte.[79] Jedoch stelle der Wortlaut des § 21 S. 1 SGB XII nicht ausschließlich auf das Vorliegen von Erwerbsfähigkeit ab, sondern „berücksichtige einen Leistungsanspruch dem Grund nach. … Im Grundsatz gilt für die Systemzuweisung aufgrund der Erwerbszentriertheit des SGB II, dass derjenige, der von dem auf die Aufnahme einer Erwerbstätigkeit ausgerichteten Leistungssystem des SGB II ausgeschlossen werden soll, dem System des SGB XII zugewiesen wird." [80]

Das Bundessozialgericht hat daher bereits in einer Reihe von Fällen von Leistungsausschlüssen nach § 7 Abs. 4 SGB II – z.B. bei unzureichenden

---

77 Vgl. dazu LSG Niedersachsen-Bremen vom 17.3.2016 - L 9 AS 1580/15 B ER, RdNr. 51–60 m.w.Nw.

78 BSG, Urteil vom 3.12.2015 – B 4 AS 44/15 R, RdNr. 40 ff., BSG, Urteil vom 16.12.2015 – B 14 AS 15/14 R, RdNr. 38, BSG, Urteil vom 20.1.2016, RdNr. 35 ff.

79 Begründung zum Entwurf eines Gesetzes zur Einordnung des Sozialhilferechts in das Sozialgesetzbuch vom 5.9.2003, BT-Drs. 15/1514, S. 57, zitiert nach BSG v. 20.1.2016, RdNr. 36.

80 BSG v. 3.12.2015 – B 4 AS 44/15 /RdNr. 41 m.w.Nw.

ausländischen Rentenleistungen oder Unterbringung in einer stationären Einrichtung oder einem Krankenhaus – entschieden, dass die Betroffenen nicht „nach dem Zweiten Buch als Erwerbsfähige oder als Angehörige dem Grunde nach leistungsberechtigt" i.S.d. § 21 S. 1 SGB XII sind. Daher seien sie bei Bedürftigkeit auf „die auf gleicher Grundlage wie im SGB II bemessenen und daher vom Umfang im Wesentlichen identischen Leistungen der Sozialhilfe verwiesen".[81]

Dies muss auch für erwerbsfähige AusländerInnen gelten, die aufgrund von § 7 Abs. 1 S. 2 SGB II von Leistungen zur Sicherung des Lebensunterhalts nach dem SGB II ausgeschlossen sind. Damit können sie grundsätzlich Leistungen nach dem SGB XII beziehen.

Dieser Auslegung ist auch unter Gesichtspunkten einer systematischen verfassungskonformen Auslegung zuzustimmen. Das Grundrecht auf Gewährleistung eines menschenwürdigen Daseins ist nicht nur ein subjektives Recht, sondern enthält auch einen Gestaltungsauftrag an den Gesetzgeber, ein – auch dem Charakter des Grundrechts als Menschenrecht – gerecht werdendes umfassendes Hilfesystem zu schaffen: „Wenn Menschen die zur Gewährleistung eines menschenwürdigen Daseins notwendigen materiellen Mittel fehlen, weil sie weder aus einer Erwerbstätigkeit noch aus eigenem Vermögen noch durch Zuwendungen Dritter zu erlangen sind, ist der Staat im Rahmen seines Auftrages zum Schutz der Menschenwürde und in Ausfüllung seines sozialstaatlichen Gestaltungsauftrages verpflichtet, dafür Sorge zu tragen, dass die materiellen Voraussetzungen dafür Hilfebedürftigen zur Verfügung stehen (vgl. BVerfGE 125, 175 <222>)." In diesem Sinne sind das SGB II, SGB XII und das AsylbLG als sich wechselseitig ergänzende Bestandteile eines gegliederten Systems zu verstehen, das der Gesetzgeber in Erfüllung seines Verfassungsauftrags geschaffen hat, um einen umfassenden, wenn auch nach den Zugangsvoraussetzungen differenzierten Schutz des menschenwürdigen Existenzminimums zu gewährleisten. Eine verfassungskonforme Auslegung des § 21 SGB XII darf daher keine Lücken im Grundrechtsschutz entstehen lassen.[82] Zu Recht weist das Sozialgericht Neuruppin in einer Entscheidung vom 22.3.2016 darauf hin, dass einer verfassungskonformen Auslegung der Vorrang vor der subjektiv-historischen Auslegung zu geben ist: „Denn immer dann, wenn eine verfassungskonforme Auslegung möglich ist, ist nach der Rechtsprechung des Bundesverfassungsgerichts nicht relevant, dass eine nicht mit der Verfassung vereinbare Auslegung (vermeintlich) eher dem subjektiven Willen

81 Vgl. BSG v. 3.12.2015 – B 4 AS 44/15 R, RdNr. 42.

82 A.A. LSG Niedersachsen-Bremen vom 17.3.2016, RdNr. 79.

des Gesetzgebers entsprochen hätte (Bundesverfassungsgericht, Urteil vom 09. Februar 1982 – 1 BvR 845/79, RdNr. 87)." [83]

5.1.2 Die Leistungsausschlüsse nach § 23 Abs. 3 S. 1 SGB XII

AusländerInnen haben nach § 23 Abs. 3 S. 1 SGB XII jedoch keine Ansprüche auf Sozialhilfe, soweit sie eingereist sind, um Sozialhilfe zu erlangen (1. Alternative) oder wenn sich ihr Aufenthaltsrecht allein aus dem Zweck der Arbeitsuche ergibt (2. Alternative). Der erste Ausschlustatbestand verlangt einen finalen Zusammenhang zwischen der Einreise und dem Ziel, Sozialhilfe zu erlangen. Dieser liegt nach der Rechtsprechung des BSG vor, wenn der Einreisebeschluss vom Zweck geprägt ist, Sozialhilfe zu erlangen. [84] Der zweite Ausschlustatbestand entspricht der bereits dargestellten Regelung des § 7 Abs. 1 S. 2 Nr. 2 SGB II. Danach sind vom Sozialhilfebezug ausgeschlossen die UnionsbürgerInnen, die weder über eine materielle Freizügigkeitsberechtigung nach dem FreizügG/EU, die nicht unter den Leistungsausschluss fällt, noch über ein Aufenthaltsrecht mit Bleibeperspektive nach dem AufenthG verfügen. [85] Der Erst-Recht-Schluss des SGB II [86] ist ebenso im SGB XII anzuwenden [87]: Damit haben nicht materiell freizügigkeitsberechtigte UnionsbürgerInnen, die sich tatsächlich in Deutschland aufhalten, ohne dass der Wegfall der Freizügigkeitsberechtigung bzw. eine Ausreisepflicht festgestellt wurden, keinen Rechtsanspruch auf Sozialhilfe im begrenzten Umfang des § 23 Abs. 1 S. 1 SGB XII.

5.1.3 Ermessensleistungen nach § 23 Abs. 1 S. 3 SGB XII

Dies schließt jedoch Sozialhilfe als Ermessensleistung gem. § 23 Abs. 1 S. 3 SGB XII nicht aus. [88] Diejenigen, die die Ausschlustatbestände nach § 23 Abs. 3 S. 1 SGB XII erfüllen, sollen nach der Rechtsprechung des BSG „nicht (…) von dem der Sozialhilfe systemimmanenten grundsätzlichen Anspruch auf Hilfe bei bedrohter Existenzsicherung" ausgeschlossen werden. [89] Die vom Anspruch auf AlG II ausgeschlossenen UnionsbürgerInnen haben

---

83 SG Neuruppin vom 22.3.2016 - S 26 AS 378/16 ER.

84 BSG v. 3.12.2015 – B 4 AS 44/15 R, RdNr. 45.

85 BSG v. 3.12.2015 – B 4 AS 44/15 R, RdNr. 48.

86 BSG v. 3.12.2015 – B 4 AS 44/15 R, RdNr. 20 ff. Vgl. oben 4.3.

87 BSG v. 3.12.2015 – B 4 AS 44/15 R, RdNr. 48.

88 BSG v. 3.12.2015 – B 4 AS 44/15 R, RdNr. 51.

89 BSG v. 3.12.2015 – B 4 AS 44/15 R, RdNr. 52.

Anspruch auf eine ermessensfehlerfreie Entscheidung, bei der auch zu prüfen ist, ob es Ermessensgesichtspunkte gibt, die eine vollständige Ablehnung der Leistung zulassen. Nach der Rechtsprechung des BSG reduziert sich das Ermessen nach spätestens 6 Monaten dem Grunde und der Höhe nach auf null, wenn sich der Aufenthalt der Leistungsberechtigten so verfestigt hat, dass die Erbringung existenzsichernder Leistungen nur im Einzelfall nach Ermessen den verfassungsrechtlichen Anforderungen nicht mehr genügt.[90] Wird einer Aufenthaltsverfestigung nicht durch ausländerbehördliche Entscheidungen entgegen getreten – das BSG spricht insoweit von einem „Vollzugsdefizit des Ausländerrechts" –, so sei typisierend von einer Verfestigung des tatsächlichen Aufenthalts auszugehen.[91] Dem hilfebedürftigen Arbeitsuchenden sind dann wie anderen nicht nach § 23 Abs. 3 S. 1 ausgeschlossenen, sich tatsächlich in Deutschland aufhaltenden AusländerInnen existenzsichernde Leistungen zu gewähren. Das BSG begründet dies mit einer verfassungskonformen Auslegung des Gesetzes, die eine pauschale Differenzierung nach dem Aufenthaltsstatus verbiete.[92] Etwas anderes soll nach dem BSG nur dann gelten, wenn tatsächliche Umstände (wie konkrete aufenthaltsbeendende Schritte der Ausländerbehörde oder tatsächliche Lebensumstände, die Zweifel an dauerhaftem Aufenthalt begründen) dafür sprechen, dass der Aufenthalt nicht verfestigt ist.[93]

Der Anspruch richtet sich auf Leistungen, die nach § 23 Abs. 1 S. 1 SGB XII gewährt würden, wenn der Leistungsanspruch nicht ausgeschlossen wäre, also neben der Hilfe zum Lebensunterhalt z.B. auch Hilfen zur Gesundheit gem. §§ 47 ff SGB XII.[94]

Die Rechtsprechung der Instanzgerichte folgt dem BSG nur teilweise.[95] Strittig ist dabei insbesondere, inwieweit die Heimkehrmöglichkeit eines Unionsbürgers seine Hilfebedürftigkeit beseitigt: „Im zu entscheidenden Fall machen die Antragsteller von ihrem Recht auf Freizügigkeit Gebrauch und halten sich aufgrund ihrer autonomen Entscheidung derzeit in Deutschland auf. Wenn sie ihren Lebensunterhalt nicht aus eigenen Kräften bestreiten können, steht es ihnen frei, nach Italien zurückzukehren. Das ist aber einzig und allein ihre Entscheidung."[96] Der Verweis auf die Notwendigkeit

90 BSG v. 3.12.2015 – B 4 AS 44/15 R, RdNr. 53 ff.
91 BSG v. 3.12.2015 – B 4 AS 44/15 R, RdNr. 56.
92 BSG v. 3.12.2015 – B 4 AS 44/15 R, RdNr. 57.
93 BSG v. 3.12.2015 – B 4 AS 44/15 R, RdNr. 58.
94 BSG v. 3.12.2015 – B 4 AS 44/15 R, RdNr. 53 ff.
95 Vgl. LSG Niedersachsen-Bremen vom 17.3.2016 - L 9 AS 1580/15 B ER m.w.Nw.
96 Vgl. ebd. RdNr. 81.

eines ausländerbehördlichen Verfahrens zur Aufenthaltsbeendigung wird mit der Begründung abgelehnt, dass dies dann wiederum Ansprüche nach § 1 Abs. 1 AsylbLG zu Folge habe und „der Aufenthalt wieder zu alimentieren wäre." Diese wohl von der Sorge um die finanzielle Belastbarkeit des Fürsorgesystems getragene Auffassung findet – abgesehen davon, dass sie die unionsrechtliche Freizügigkeit zu einem Grundrecht von Wohlhabenden degradieren würde – keinen ausreichenden Rückhalt im Gesetz. Sie kann nicht auf den Nachranggrundsatz des § 2 SGB XII gestützt werden, weil es an einer gesetzlichen Konkretisierung fehlt, ohne die ein Leistungsausschluss nur „in extremen Ausnahmefällen denkbar (ist), etwa wenn sich der Bedürftige generell eigenen Bemühungen verschließt und Ansprüche ohne Weiteres realisierbar sind."[97]

6 Wege entstehen beim Gehen: Die Konkretisierung des Menschenrechts auf Gewährleistung eines menschenwürdigen Daseins

Das BSG hat mit seinem Urteil einen gangbaren Weg zu einer verfassungskonformen Beantwortung der Frage nach Fürsorge-Ansprüchen von UnionsausländerInnen (aber damit zugleich auch von Drittstaatsangehörigen) aufgezeigt.

6.1 Uneingeschränkter personeller Anwendungsbereich des Grundrechts auf Gewährleistung eines menschenwürdigen Daseins

Seine Auslegung trägt dem bereits vom Bundesverfassungsgericht in seiner Entscheidung zum Asylbewerberleistungsgesetz klargestellten Verständnis des Grundrechts auf Gewährleistung eines menschenwürdigen Daseins als „dem Grunde nach unverfügbares und durch einen Leistungsanspruch einzulösendes"[98] Menschenrecht Rechnung:

„Art. 1 Abs. 1 GG erklärt die Würde des Menschen für unantastbar und verpflichtet alle staatliche Gewalt, sie zu achten und zu schützen. (...). Als Menschenrecht steht dieses Grundrecht deutschen und ausländischen Staatsangehörigen, die sich in der Bundesrepublik Deutschland aufhalten, gleichermaßen zu. Dieser objektiven Verpflichtung aus Art. 1 Abs. 1 GG

---

97 BSG v. 3.12.2015 – B 4 AS 44/15 R, RdNr. 42 m.w.Nw.
98 BVerfG, Urteil vom 18.7.2012 – 1 BvL 10/10, 1 BvL 2/11, RdNr. 88.

korrespondiert ein individueller Leistungsanspruch, da das Grundrecht die Würde des einzelnen Menschen schützt (vgl. BVerfGE 87, 209 <228>) und sie in solchen Notlagen nur durch materielle Unterstützung gesichert werden kann (vgl. BVerfGE 125, 175 <222 f.>)."[99]

Mit seiner Auslegung zur Komplementarität der SGB II- und SGB XII-Leistungen und zur Gewährung von Ermessensleistungen bei Aufenthalt ohne ausreichende Verbindung mit der Bundesrepublik Deutschland sowie der Ermessensreduzierung auf null bei verfestigtem Aufenthalt gewährleistet das BSG den verfassungsrechtlich gebotenen Zugang zu Leistungen der Existenzsicherung für deutsche und für ausländische Staatsangehörige mit tatsächlichem Aufenthalt in Deutschland. Es lehnt damit zugleich eine Instrumentalisierung des Fürsorgerechts als Instrument zur Steuerung der Migration ab. Die Steuerung des Zugangs und des Aufenthalts im Bundesgebiet ist Aufgabe der Ausländerbehörden, die dabei auch die von der Bundesrepublik Deutschland eingegangenen europarechtlichen und auch völkerrechtlichen[100] Verpflichtungen zu berücksichtigen haben. Eine Differenzierung zwischen Rechtsansprüchen und Ansprüchen auf Ermessensleistungen abhängig von der Dauer des Aufenthalts, die auf die Verbindung mit dem Sozialstaat abstellt[101], entspricht dabei wohl noch den verfassungsrechtlichen Maßstäben.

6.2   Inhalt und Höhe der Fürsorgeleistungen

Das Bundesverfassungsgericht hat bereits in seiner Entscheidung zur Höhe der Regelleistungen nach dem SGB II dem Gesetzgeber einen Gestaltungsspielraum hinsichtlich Inhalt und Höhe der Leistungen zugestanden. Dies hat es auch im seinem Urteil zum Asylbewerberleistungsgesetz noch einmal hervorgehoben: „Der Leistungsanspruch aus Art. 1 Abs. 1 GG ist dem Grunde nach von der Verfassung vorgegeben. Sein Umfang kann jedoch nicht unmittelbar aus der Verfassung abgeleitet werden. Er hängt von den gesellschaftlichen Anschauungen über das für ein menschenwürdiges Dasein Erforderliche, der konkreten Lebenssituation der Hilfebedürftigen sowie den jeweiligen wirtschaftlichen und technischen Gegebenheiten ab und

---

99 BVerfG, ebd. RdNr. 89.

100 Z.B. der Genfer Flüchtlingskonvention.

101 Die Verbindung mit dem Sozialstaat wurde auch vom EuGH als zulässiges Differenzierungskriterium herausgearbeitet. Vgl. dazu Stamatia Devetzi (Fn. 50) m.w.Nw.

ist danach vom Gesetzgeber konkret zu bestimmen (vgl. BVerfGE 125, 175 <224>).“ [102]

Der dem Gesetzgeber zugestandene Gestaltungsraum bei der Konkretisierung und Aktualisierung der Leistungsansprüche ist „an dem jeweiligen Entwicklungsstand des Gemeinwesens und den bestehenden Lebensbedingungen im Hinblick auf die konkreten Bedarfe der Betroffenen auszurichten.“ [103] Damit kann der Gesetzgeber u.a. auch den wirtschaftlichen Rahmenbedingungen, die die Leistungsfähigkeit des Sozialsystems bestimmen, Rechnung tragen.

Eine Differenzierung nach der Staatsangehörigkeit und/oder der Aufenthaltsdauer in Deutschland ist aber nach den Maßstäben des Bundesverfassungsgerichts unzulässig. „Auch eine kurze Aufenthaltsdauer oder Aufenthaltsperspektive in Deutschland rechtfertigte es im Übrigen nicht, den Anspruch auf Gewährleistung eines menschenwürdigen Existenzminimums auf die Sicherung der physischen Existenz zu beschränken. Art. 1 Abs. 1 GG in Verbindung mit Art. 20 Abs. 1 GG verlangt, dass das Existenzminimum in jedem Fall und zu jeder Zeit sichergestellt sein muss (vgl. BVerfGE 125, 175 <253>). Art. 1 Abs. 1 GG garantiert ein menschenwürdiges Existenzminimum, das durch im Sozialstaat des Art. 20 Abs. 1 GG auszugestaltende Leistungen zu sichern ist, als einheitliches, das physische und soziokulturelle Minimum umfassendes Grundrecht. Ausländische Staatsangehörige verlieren den Geltungsanspruch als soziale Individuen nicht dadurch, dass sie ihre Heimat verlassen und sich in der Bundesrepublik Deutschland nicht auf Dauer aufhalten (vgl. Rothkegel, ZAR 2010, S. 373 <374>). Die einheitlich zu verstehende menschenwürdige Existenz muss daher ab Beginn des Aufenthalts in der Bundesrepublik Deutschland realisiert werden.“ [104]

Mit der Wegskizze, die das BSG mit Hilfe der vom Bundesverfassungsgericht aufgewiesenen Wegweiser des Grundgesetzes gezeichnet hat, sind sicher nicht alle Fragen, die sich politisch, rechtlich und administrativ auf dem Weg der Globalisierung stellen, gelöst. Die Gewährung von Fürsorgeleistungen an MigrantInnen, die sich in Deutschland aufhalten, kann nur ein Teil eines weitergehenden Integrationskonzepts sein, das u.a. auch den Zugang zu Bildungsmöglichkeiten, zu Arbeit und Wohnung, politischen Mitgestaltungsmöglichkeiten umfasst, aber auch berechtigten Interessen

---

102 BVerfG, ebd. RdNr. 92.

103 BVerfG, ebd. RdNr. 88.

104 BVerfG, ebd. RdNr. 120.

der Wohnbevölkerung auf Gewährleistung ihrer Lebensverhältnisse ebenso Rechnung trägt wie den finanziellen Belangen der Kommunen, die große Teile der Kosten der (nicht nur europäischen) Migration tragen müssen. Es bleibt das Verdienst des Bundesverfassungsgerichts und des Bundessozialgerichts, mit ihren Entscheidungen hier einen tragfähigen Rahmen für an den Werten des Grundgesetzes orientierte Entscheidungen gesetzt zu haben.

„Auf schwankendem Grund" – eine Retrospektive nach zehn Jahren mit „Hartz IV" im Kontext aktueller Migrationsbewegungen

Wolfgang Sartorius

Das Zweite Buch Sozialgesetzbuch – landläufig „Hartz IV" genannt – wurde bei seiner Einführung 2005 als großer Wurf zur nachhaltigen Stabilisierung sozialer Sicherung für Arbeitsuchende und deren Familien gefeiert. Indes scheinen 10 Jahre mit „Hartz IV" für betroffene Menschen und Akteu=Innen im Sozialwesen nicht unbedingt Grund zum Feiern zu sein. Just in diese Zeit fallen Migrationsbewegungen von dramatischem Ausmaß, die neue Verteilungsdebatten in unserem Land entfachen. Parallel dazu besteht bei der angemessenen Versorgung von ArbeitsmigrantInnen in Deutschland erheblicher Regelungsbedarf.

1   Politische Weichenstellungen

Die Weichen für die sog. „Hartz-Reformen" wurden wohl mit dem „Schröder-Blair-Papier" im Jahr 1999 gestellt. Damals hatten der britische Premier Tony Blair und der deutsche Bundeskanzler Gerhard Schröder einen grundlegenden Wandel in der Arbeitsmarkt- und Sozialpolitik gefordert, um den Wirtschaftsraum Europa als zukunftsfähigen Markt aufzustellen. Dabei stand die Abkehr von bis dahin gültigen Positionen im Fokus. So meinten beide: „In der Vergangenheit wurde die Förderung der sozialen Gerechtigkeit manchmal mit der Forderung nach Gleichheit im Ergebnis verwechselt. Letztlich wurde damit die Bedeutung von eigener Anstrengung und Verantwortung ignoriert und nicht belohnt und die soziale Demokratie mit Konformität und Mittelmäßigkeit verbunden statt mit Kreativität, Diversität und herausragender Leistung" (vgl. Hans-Boeckler-Stiftung 2000). Man tut Schröder und Blair keineswegs Unrecht, wenn man Ihnen nachhält, sie hätten damals Europa in einem „mauerlosen Paradiesgarten in einer Welt des Elends" gewähnt, also vorrangig innereuropäische Dimensionen ins Blickfeld genommen und seien davon ausgegangen, „das in den Ländern des Nahen Ostens, Asiens und Afrikas alltagsprägende Elend der Menschen ließe sich für die kommenden Jahrzehnte lebensweltlich auf Distanz halten" (vgl. Eilenberger 2016). Sie haben sich als politische Akteure ihrer Zeit auf das Naheliegende konzentriert und dabei den Blick vermutlich nicht über den europäischen Tellerrand hinausgerichtet.

Rückblickend ist zu konstatieren, dass inzwischen in Deutschland dem Ansatz des Schröder-Blair-Papiers folgend größere soziale Ungleichheit Realität wurde. Besonders wirksam zeigte sich dabei der von Schröder und Blair proklamierte Niedriglohnsektor: „Der Arbeitsmarkt braucht einen Sektor mit niedrigen Löhnen, um gering Qualifizierten, Arbeitsplätze verfügbar zu machen. Die öffentliche Hand kann durch die gezielte Entlastung niedriger Einkommen von Sozialabgaben neue Erwerbschancen schaffen und so gleichzeitig Unterstützungsleistungen für Arbeitslose sparen" (vgl. Hans-Böckler-Stiftung 2000). Solcherlei Vorhaben blieben nicht unwidersprochen stehen; von „Reformwahn" o.ä. war nun häufig in kritischen Auseinandersetzungen die Rede. Selbst aus dem sozialdemokratischen Lager gab es Kritik, wenn auch eher verhalten. Beispielsweise veröffentlichte damals Albrecht Müller sein Buch „Die Reformlüge", indem der Nationalökonom und ehemalige Mitarbeiter von Willy Brandt und Helmut Schmidt (Mitglied des Bundestags von 1987-1994) „schlagende Argumente gegen die Reformpropaganda liefert und Alternativen zum sozialen Ausverkauf aufzeigt" (vgl. Albrecht Müller 2004).

Sozialgeschichtlich tragisch ist für Deutschland der Umstand, dass sich ausgerechnet ein sozialdemokratischer Kanzler auf den Weg machte, sozialer Ungleichheit Tür und Tor zu öffnen und deren „zersetzender Kraft" (vgl. Judt 2010) Einlass zu verschaffen. Dass inzwischen – wiederum durch eine sozialdemokratische Arbeitsministerin – ein Mindestlohn eingeführt wurde, erscheint als begrenzt taugliches Trostpflaster. Denn was die seither in den Niedriglohn Gezwungenen nicht verdienen und nicht an Rentenbeiträgen entrichten konnten, wird wohl nie mehr ausgeglichen. Legt man als Ausgangspunkt das bis in die 1990er Jahre in der deutschen

Sozialpolitik häufig formulierte Postulat des Gleichheitsideals zugrunde, ist festzuhalten: Die sich aus dem Marktprozess ergebende Einkommensdifferenzierung als elementarer Bestandteil unseres marktwirtschaftlichen Systems wird bei Phasen von (erzwungener) Erwerbslosigkeit verlängert. Sie reicht bis in den Rentenbezug im Alter und höhlt das Kernsystem der Alterssicherung, die Altersrente, aus. Armut ist somit in biografischer Hinsicht nahezu irreversibel; sie wird durch politische Weichenstellungen – nicht nur, aber eben auch – durch „Hartz IV" manifestiert. Wenn bundesweit inzwischen Woche für Woche 1,5 Millionen Menschen durch Tafeln (vgl. Hausmann 2014) versorgt werden – nicht mitgezählt sind hier Kunden ähnlich arbeitender Organisationen, die nicht Mitglied der Tafelbewegung sind – ist dies ein beredtes Zeugnis alltagswirksamer sozialer Ungleichheit. Zugespitzt formuliert: Die Idee der Herren Schröder und Blair greift und ist „erfolgreich".

2 Der Start

In Deutschland war das offizielle Startsignal für das später als „Hartz IV" bezeichnete Zweite Buch Sozialgesetzbuch wohl die Einsetzung der „Hartz-Kommission" im Jahr 2002. Politisch stand dahinter der Versuch einen Reformstau aufzulösen, denn die rot-grüne Regierung 1998 vorgefunden hatte. Bezeichnenderweise wurden in der Kommission unter Leitung des Peter Hartz keine Menschen berufen, die sich als exponierte VertreterInnen der Wohlfahrtsverbände einen Namen gemacht hatten; ganz offensichtlich sollte es darum gehen, Neues zu denken und vorfindliche Systeme radikal umzubauen: Die neue Leitidee lautet: „Eigenaktivitäten auslösen – Sicherheit einlösen". Die Arbeitsförderungspolitik wird im Sinne einer aktivierenden Arbeitsmarktpolitik umgebaut. Im Zentrum steht die eigene Integrationsleistung der Arbeitslosen, die durch das Dienstleistungs- und Förderangebot gestützt und abgesichert wird. Die angebotenen Dienstleistungen – von der Übernahme einer Zeitarbeit und der Teilnahme an einer Weiterqualifizierung bis hin zur Annahme einer Beschäftigung – setzen Arbeitslose in die Lage, selbst im Sinne des Integrationszieles tätig zu werden…" (vgl. Moderne Dienstleistungen am Arbeitsmarkt – Bericht der Hartz-Kommission). Besonders kreativ war die Hartz-Kommission als es darum ging, konkrete Vorschläge zu entwickeln und mit den entsprechenden Heilsversprechen versehen auf den Weg zu bringen. Aber wer erinnert sich im Jahr 2015 noch an „JobFloater" und „Ich-AG", „Familien-AG", „Bridgesystem" und „PersonalServiceAgenturen"? Diese Kreationen – besser wäre wohl die Rede von substanzlosen Worthülsen – sind längst wieder Geschichte und sprechen darin für sich.

Vor 2005 waren die beiden steuerfinanzierten Transferleistungen „Hilfe zum Lebensunterhalt" und „Arbeitslosenhilfe" eigenständige, aber komplementäre Systeme gewesen. Im Kern waren diese Systeme in Verbindung mit dem beitragsfinanzierten Arbeitslosengeld so angelegt, dass langzeitarbeitslose Menschen nach Ende des Bezugs bei vorliegenden Voraussetzungen im Prinzip auf Dauer Arbeitslosenhilfe bekamen, längstens bis zum Renteneintritt. Die Höhe dieser Leistung war einkommens- und bedürftigkeitsabhängig, also individualisiert. Es konnte somit auch bei lang anhaltender Arbeitslosigkeit eine Absicherung gewährleistet werden, die entsprechend des vorigen Arbeitseinkommens ggfs. deutlich höher als die jetzige Grundsicherung gewesen ist. Durch die Entrichtung von Rentenbeiträgen war zudem eine gewisse Kompensation in Bezug auf die Höhe der zu erwartenden Altersrente obligatorisch. Wenn bei niedrigem Einkommen höherer Bedarf vorlag (z.B. bei größeren Bedarfsgemeinschaften), so konnte durch „Hilfe zum Lebensunterhalt" eine Aufstockung erfolgen.

Bei der Sozialhilfe gilt der Grundsatz, dass sie mit Bekanntwerden einer (möglichen) Bedarfslage bei der zuständigen Behörde einsetzt. Dieser Grundsatz wurde bei Hartz IV verlassen. Leistungen erhält seither nur – bei Vorliegen der sonstigen Voraussetzungen und gegebener Bedürftigkeit – wer einen schriftlichen Antrag gestellt hat. In der Praxis hatten, insbesondere in den ersten Jahren des SGB II, Leistungsberechtigte erhebliche Probleme, ihre Antragstellung selbst beim zuständigen Leistungsträger bestätigt zu bekommen. So kam und kommt nach Berichten Leistungsberechtigter bis heute vor, dass Anträge dort unauffindbar waren oder verschwunden blieben. In Verbindung mit den durch SGB II deutlich verschärften Nachweispflichten der Antragstellenden ergaben sich daraus Konstellationen erheblicher Benachteiligung. Anstelle einer vielfach geforderten, partizipativen behördlichen Hilfepraxis – die im Hilfe suchenden Menschen die Bürgerin, den Bürger erkennt und ernstnimmt – klagen Betroffene über paternalistisch anmutende Formen der Hilfe, die nicht mit den Anforderungen einer emanzipatorisch geprägten Zivilgesellschaft vereinbar sind. Gesetzliche Regelungen und Praxiserfahrungen Betroffener stimmten häufig nicht überein. Freilich liegt eine Ursache dafür beim Gesetzgeber selbst, der die Rechtsposition der Leistungsberechtigten im SGB II im Vergleich zum Bundessozialhilfegesetz systematisch geschwächt hat.

3 Faktische Einführung einer Arbeitspflicht für erwerbsfähige Hilfebedürftige

Eine wesentliche Festlegung im SGB II war, dass erwerbsfähige leistungsberechtigte Personen aktiv an allen Maßnahmen zu ihrer Eingliederung in Arbeit mitwirken, insbesondere eine Eingliederungsvereinbarung abschließen müssen. Wenn eine Erwerbstätigkeit auf dem allgemeinen Arbeitsmarkt in absehbarer Zeit nicht möglich ist, hat die erwerbsfähige leistungsberechtigte Person eine ihr angebotene zumutbare Arbeitsgelegenheit zu übernehmen. Im Klartext bedeutet dies: Allen ist dem Grunde nach jede Arbeit zuzumuten (§ 10 Abs.1 ff SGB II). Es gibt im SGB II de facto keinen Berufsschutz. Auf Verlangen des Leistungsträgers ist jede noch so niederwertige und niedrigvergütete Tätigkeit anzunehmen. Wird dies abgelehnt, droht Sanktionierung (§ 31 ff SGB II). Somit ist faktisch eine Arbeitspflicht unter der Überschrift: „Jeder Person ist jede Arbeit zumutbar" entstanden. „Nur der willige Arbeitsfähige ist ein „würdiger" Armer, während die anderen aus Gründen der Ökonomie und einer damit verbundenen Sozial(un)moral zur Arbeit getrieben wurden, wozu noch bis 1969 die Einweisung in ein Arbeitshaus gesetzlich möglich war" (vgl. Welti NDV 2005, 426, 427 in: Münder 2011, S. 201).

Exkurs: Vom Umgang mit Deutschen, EU-BürgerInnen und Asylsuchenden in Sachen Arbeit und Existenzsicherung

Interessant ist an dieser Stelle ein Exkurs zum Umgang mit EU-BürgerInnen, die dem Grunde nach Freizügigkeit in Europa genießen (vgl. § 45 AEUV) und als ArbeitsmigrantInnen insbesondere in Mangelberufen nicht nur willkommen, sondern geradezu begehrt sind. In Deutschland gibt es dafür tausende Beispiele nicht nur in gering qualifizierten Tätigkeitsfeldern, sondern durchaus auch in naturwissenschaftlich geprägten Berufen, etwa in Ingenieurberufen oder der Medizin. Aber auch im sozialen Dienstleistungsbereich, etwa in den Pflegeberufen, sind ArbeitsmigrantInnen aus EU-Ländern geschätzte Fachkräfte.

Es mutet wie ein Anachronismus an, wenn nun der EuGH im Fall Alimanovic feststellte, dass Deutschland Unionsbürger, die zur Arbeitssuche einreisen, von beitragsunabhängigen Leistungen (Hartz IV) ausschließen kann (EuGH-Urteil in der Rechtssache C-67/14). Der Sachverhalt war folgender:

„In der vorliegenden Rechtssache möchte das Bundessozialgericht (Deutschland) wissen, ob ein derartiger Ausschluss auch bei Unionsbürgern zulässig ist, die sich zur Arbeitsuche in einen Aufnahmemitgliedstaat begeben haben und dort schon eine gewisse Zeit gearbeitet haben, wenn Staatsangehörige des Aufnahmemitgliedstaats, die sich in der gleichen Situation befinden, diese Leistungen erhalten. Diese Frage stellt sich in einem Rechtsstreit zwischen dem Jobcenter Berlin Neukölln und vier schwedischen Staatsangehörigen: Frau Alimanovic, die in Bosnien geboren wurde und ihren drei Kindern Sonita, Valentina und Valentino, die 1994, 1998 und 1999 in Deutschland zur Welt gekommen sind. Die Familie Alimanovic war 1999 von Deutschland nach Schweden gezogen und ist im Juni 2010 nach Deutschland zurückgekehrt. Nach ihrer Rückkehr waren Frau Nazifa Alimanovic und ihre älteste Tochter Sonita weniger als ein Jahr in kürzeren Beschäftigungen bzw. Arbeitsgelegenheiten tätig. Seither waren sie nicht mehr erwerbstätig. Der Familie Alimanovic wurden daraufhin für den Zeitraum vom 1. Dezember 2011 bis zum 31. Mai 2012 Leistungen der Grundsicherung bewilligt, nämlich Nazifa Alimanovic und ihrer Tochter Sonita Leistungen zur Sicherung des Lebensunterhalts für Langzeitarbeitslose (Arbeitslosengeld II) und den Kindern Valentina und Valentino Sozialgeld für nicht erwerbstätige Leistungsberechtigte. 2012 stellte die zuständige Behörde, das Jobcenter Berlin Neukölln, schließlich die Zahlung der Grundsicherungsleistungen mit der Begründung ein, dass Frau Alimanovic und ihre älteste Tochter als ausländische Arbeitsuchende, deren Aufenthaltsrecht sich allein aus dem Zweck der Arbeitsuche ergebe, keinen Anspruch auf diese Leistungen hätten. Infolgedessen schloss das Jobcenter auch die anderen Kinder von den entsprechenden Leistungen aus. In Beantwortung der Fragen des Bundessozialgerichts hat der Gerichtshof mit seinem heutigen Urteil entschieden, dass die Weigerung Unionsbürgern, deren Aufenthaltsrecht in einem Aufnahmemitgliedstaat sich allein aus dem Zweck der Arbeitsuche ergibt, bestimmte „besondere beitragsunabhängige Geldleistungen" zu gewähren, die auch eine Leistung der „Sozialhilfe" darstellen, nicht gegen den Grundsatz der Gleichbehandlung verstößt" (vgl. Gerichtshof der Europäischen Union, Pressemitteilung Nr. 101/15 vom 15. September 2015).

Interessanterweise stellte das Bundessozialgericht nun in einem anderen Fall klar: „Der Kläger könnte Sozialhilfeleistungen nach dem EFA beanspruchen, wenn er sich im streitigen Zeitraum weiterhin auf ein Aufenthaltsrecht zur Arbeitsuche berufen konnte. Da die Bundesregierung bezogen auf die Vorschriften der Hilfe zum Lebensunterhalt nach dem SGB XII keinen Vorbehalt erklärt hat, sind Sozialhilfeleistungen in Form der Hilfe zum Lebensunterhalt im Wege einer Gleichbehandlung mit inländischen Staatsangehörigen zu erbringen. Die Ausschlussregelung des

§ 23 Abs. 3 S 1 Alt 2 SGB XII findet dann von vornherein keine Anwendung. Diese Gleichbehandlung erfordert einen erlaubten Aufenthalt des Staatsangehörigen aus einem Vertragsstaat des EFA-Angehörigen im Inland, der jedenfalls bei einem Aufenthaltsrecht zur Arbeitsuche gegeben wäre. Bei einer fehlenden Freizügigkeitsberechtigung des Klägers im streitigen Zeitraum wären Leistungen nach § 23 Abs. 1 S 3 SGB XII zu erbringen" (aus dem Terminbericht zu B 4 AS 59/13 R vom 3.12.2015, zitiert aus Sozialrecht Justament Nr.15/2015).

Dies bedeutet nun wohl: Wer aus einem Land kommt, das Vertragspartner des Europäischen Fürsorgeabkommens (EFA) ist, hat grundsätzlich den gleichen Sozialhilfeanspruch wie Deutsche, solange der Aufenthalt als rechtmäßig gilt. Ein solcher rechtmäßiger Aufenthalt ist der Aufenthalt zur Arbeitsuche. Das heißt: Alle arbeitsuchenden EU-Zuwanderer aus EFA-Staaten haben einen Anspruch auf normale Sozialhilfe in gesetzlicher Höhe, obwohl sie erwerbsfähig sind. Der auch im SGB XII vorgesehene Leistungsausschluss Arbeitsuchender von Sozialhilfeleistungen gilt für Zuwanderer aus EFA-Staaten nicht (vgl. Sozialrecht Justament Nr.15/2015).

Der Autor Bernd Eckart stellt jedoch zusammenfassend fest: „... Trotz der Entscheidungen des Europäischen Gerichtshofs und des Bundessozialgerichts werden uns die Fragen des SGB II-Ausschlusses von EU-BürgerInnen weiter beschäftigen ..." (vgl. Sozialrecht Justament 7/2015). Es scheint also der eingangs so genannte Anachronismus fortzubestehen, wonach wir innerhalb der EU zwar Arbeitnehmerfreizügigkeit haben und Arbeitsmigration ausdrücklich erwünscht ist, im Fall des Scheiterns der Existenzsicherung durch Erwerbsarbeit aber Fragezeichen stehen bleiben.

Von Interesse erscheint angesichts der aktuellen Migrationsbewegungen aus nichteuropäischen Staaten, etwa von Kriegsflüchtlingen aus Syrien oder Afghanistan, nach der rechtlichen Lage asylsuchender Menschen in Deutschland zu fragen. Ihnen ist, je nach Status, zu arbeiten ausdrücklich verboten. Dies gilt während sie verpflichtet sind in einer Aufnahmeeinrichtung zu wohnen (vgl. § 61 Abs. 1 AsylG). Währenddessen sollen ihnen aber Arbeitsgelegenheiten insbesondere zur Aufrechterhaltung und Betreibung der Einrichtung zur Verfügung gestellt werden, wofür sie dann mit 1,05 € je geleisteter Stunde zu entschädigen sind. Ein Arbeitsverhältnis im Sinne des Arbeitsrechtes und ein Beschäftigungsverhältnis im Sinne der gesetzlichen Kranken- und Rentenversicherung werden dadurch nicht begründet (vgl. § 5 AsylbLG).

Somit ist zu konstatieren, dass die deutsche Gesetzgebung sowohl Deutsche, als auch vor politischer Verfolgung Schutz suchende Menschen ausländischer Herkunft mit einer Arbeitspflicht belegt, die sich allerdings von den jeweiligen Voraussetzungen unterscheidet und in verschiedenen Gesetzen geregelt ist.

Zusammenfassend könnte man somit die These wagen, ob deutsche/r BürgerIn, EU-ArbeitsmigrantIn oder Flüchtling: In jedem Fall wird eine Pflicht zur Sicherung der eigenen Existenz durch Erwerbsarbeit, nötigenfalls durch Formen der Beschäftigung außerhalb von Arbeitsverhältnissen, politisch intendiert. Ob dies den Lebenslagen der Menschen entspricht? Diese Frage mag an dieser Stelle stehen bleiben. Aber immerhin ist der populistische Vorwurf einiger Zeitgenossen, wonach „Ausländer" – gemeint sind mit dieser indifferenten Typisierung in der Diktion von Pegida, AfD & Konsorten häufig gleichermaßen EU-BürgerInnen wie Asylsuchende – besser als einheimische Arbeitssuchende behandelt würden, im Kern widerlegt und als unzutreffend zurückzuweisen.

4 Von der Bürger/in zur Bettler/in?

Grundsätzlich wird die Rechtsstellung von BürgerInnen durch das Grundgesetz und weitere in Deutschland geltende Gesetze als geltendem Recht festgesetzt. „Mit den Grundrechten und dem Rechtsstaatsprinzip garantiert der Staat die Gesetzmäßigkeit staatlichen Handelns und Rechtssicherheit (Artikel 20 Abs. 3, 28 Abs. 1 GG), die Gleichheit vor dem Gesetz (Artikel 3 Abs. 1 GG) und den Zugang zum Rechtsschutz (Artikel 19 Abs. 4 GG). (…) Leistungsgesetze zeichnen sich dadurch aus, dass sie Inhalt, Umfang und Zugang zu staatlichen Leistungen regeln (…) Je nach Zielrichtung kann die Leistung als Rechtsanspruch normiert oder als freiwillige Leistung oder allgemeine Aufgabe des Staates beschrieben sein" (vgl. Diakonie-Texte 07.2009).

Sofern das Gesetz einen eindeutigen Rechtsanspruch vorgesehen hat, verpflichtet dieser den Staat (wenn im Einzelfall die Leistungsvoraussetzungen gegeben sind) verbindlich zur Erbringung einer Leistung. Anders verhält es sich, wenn eine „Soll"- oder „Kann"-Leistung der zuständigen Behörde Ermessen einräumt. Dies ist in einer Vielzahl von Bestimmungen des SGB II der Fall. Echte Rechtsansprüche bestehen im SGB II nur für Leistungen zum Lebensunterhalt (sog. Passivleistungen), während sie für Eingliederungsleistungen, die sich auf Integration in Arbeit beziehen, nicht bestehen (vgl. Edtbauer/Kievel 2009, S. 33). Das Problem dabei ist, dass erst Rechtsansprüche den Leistungsberechtigten die Chance geben eine ablehnende Entscheidung der zuständigen Behörde gerichtlich korrigieren zu lassen. Selbstverständlich gilt in jedem Fall, dass die Verwaltung an Gesetze und Grundrechte gebunden bleibt. Dies soll sich nach dem Willen des Verfassungsgebers auch niemals ändern. Deshalb gilt hier die „Ewigkeitsgarantie" (vgl. Art. 79 Abs. 3 i.V. mit Art. 20 Abs. 3 GG). (vgl. Diakonie-Texte 07.2009, Seite 30).

Aufgrund der Rechtsschutzgarantie (Artikel 19 Abs. 4 GG) kann jede/r BürgerIn ihr/sein Grundrecht auf Rechtsschutz durchsetzen und zwar unabhängig davon, ob er/sie über Einkommen und Vermögen verfügt oder nicht: „Im Bereich existenzsichernder Leistungen betont das Bundesverfassungsgericht (BVerfG) in ständiger Rechtsprechung die Verpflichtung der Gerichte, sich schützend und fördernd vor die Grundrechte der Hilfesuchenden zu stellen (BVerfG, NJW 2003, S. 1236 [1237]), (vgl. Weth in: Sartorius 2009, S. 36). „Der Unbemittelte muss grundsätzlich ebenso wirksamen Rechtsschutz in Anspruch nehmen können wie ein Begüterter (vgl. BVerfGE 9, 124 <130 f.>; 63, 380 <395>). Er muss einem solchen Bemittelten gleichgestellt werden, der seine Aussichten vernünftig abwägt und dabei auch sein Kostenrisiko berücksichtigt" (vgl. BVerfGE 51, 295 <302>; 81, 347 <357>). (vgl. BVerfG 14.10.2008 AZ: 1 BvR 2310/06, Rz. 30; www.bundesverfassungsgericht.de, aufgerufen am 02.12.2012).

Aber wie sieht die Praxis bei SGB II aus? Deutlich wird die eingeschränkte Rechtsstellung einkommensarmer BürgerInnen z.B. bei § 39 SGB II. Dies, „obwohl rund sechzig Prozent der Widersprüche im SGB II ganz oder teilweise stattgegeben wird" (vgl. Gillich/Keicher 2012). Schon in der bis zum 31. Dezember 2008 gültigen Fassung des § 39 SGB II war die aufschiebende Wirkung von Widerspruch und Anfechtungsklage für Leistungs- und Überleitungsbescheide der Grundsicherungsträger aufgehoben. Verschärft wurde dies zum 1. Januar 2009. Seither gilt das ausnahmslos für alle leistungsrelevanten Verwaltungsakte (vgl. Diakonie-Texte 07.2009).

Leistungsberechtigte haben seither das Problem, ggf. gegen Entscheidungen der Behörde grundsätzlich mittels einstweiligem Rechtsschutzbegehren vorgehen zu müssen. Dies ist für juristische Laien kaum machbar. Dazu kommt, dass der einstweilige Rechtsschutz die Rechte der Menschen nicht ausreichend schützt, weil nur summarisch nach Aktenlage geprüft wird und keine Pflicht zur mündlichen Anhörung besteht. Faktisch wird in einem ersten Schritt lediglich geprüft, ob der Bescheid offensichtlich rechtswidrig oder rechtmäßig ist. Dann wird je nach Ergebnis die aufschiebende Wir-

kung angeordnet – oder eben nicht. Falls sich offensichtliche Rechtmäßig-
keit oder Rechtswidrigkeit nicht feststellen lässt, wird im zweiten Schritt
eine Interessensabwägung zwischen den Interessen des/der Einzelnen und
den Interessen einer reibungslosen Verwaltung vorgenommen. Hier wird
deutlich, dass die summarische Prüfung keinesfalls geeignet ist ausreichenden Rechtsschutz zu garantieren. „Das Ergebnis der summarischen
Prüfung im einstweiligen Rechtsschutz kann auch Auswirkungen auf die
summarische Prüfung im Prozesskostenhilfeverfahren für die Hauptsache
haben. Wird die Prozesskostenhilfe abgelehnt, ist der Zugang zu anwalt-
licher Unterstützung nahezu ausgeschlossen und eine für den Leistungsberechtigten negative Vorentscheidung für den Rechtsstreit gefallen"
(vgl. Diakonie-Texte 07.2009). Zusammenfassend kommt Diakonie Deutschland nach intensiven Untersuchungen von Mai bis November 2011 an
bundesweit 110 Beratungsstellen zum Ergebnis, dass sich die Rechtsposition einkommensarmer Menschen durch die Einführung des SGB
II, durch die weitere Gesetzgebung, sowie die Verwaltungspraxis in den
Arbeitsagenturen in den vergangenen Jahren deutlich verschlechtert hat
(Diakonie-Texte 05.2012). Eine weitere Ursache der wahrgenommenen
Verschlechterung hat der Gesetzgeber selbst veranlasst: „Der Gesetzgeber
möchte selbst nicht regeln bzw. will die Detailarbeit der Justiz überlassen.
Im SGB II findet sich hier insbesondere ein Wort, das diese Entschei-
dungsdelegation kennzeichnet, nämlich das knappe Wörtlein ‚angemessen'"
(Spellbrink in: Sartorius 2009).

5 Armuts- und Wirtschaftsentwicklung seit Hartz IV in Deutschland und Baden-Württemberg

Fast 43 Millionen Erwerbstätige, davon über 30 Millionen versicherungspflichtig Beschäftigte, kennzeichnen das häufig kolportierte Bild des
Arbeitsmarktes und werden zugleich als Positivbeleg für die gesamtwirt-
schaftliche Situation in Deutschland dargestellt. Voran getragen wird das
(Eigen)Lob der Regierungskoalition, einem Mantra gleich: „Diese Entwicklung müssen wir fortschreiben und alles dafür tun, die Beschäftigung
weiter hoch zu halten. Das ist das Kernziel unserer Arbeitsmarktpolitik"
(vgl. Bundestags-Ausschussdrucksache 18(11)234). Nahezu vergessen scheint
– in Deutschland anders als in anderen europäischen Ländern – „das"
dominante Geschehen in der Wirtschaftsentwicklung des vergangenen
Jahrzehnts: die Finanz- und Bankenkrisen 2008/2009. Das Versprechen,
dass mit der Deregulierung der Finanzmärkte verbunden war, nämlich

zusätzlichen Wohlstand zu schaffen, wurde sehr ungleich eingelöst. Beim Einkommen aus Vermögen sind stärkere Zuwächse als bei Arbeitnehmereinkommen und bei Einkommen aus selbständiger Arbeit zu verzeichnen. Diese Zuwächse sind vor allem im obersten Einkommensdezil angesiedelt. Konkret ist z.B. in den Jahren 2010–2011 bei den Haushaltseinkommen auf Basis des sozioökonomischen Panels (SOEP) in Deutschland der Anteil der oberen 10 Prozent von 22 auf 24 Prozent angestiegen, während der Anteil des unteren Dezils mit 4 Prozent konstant blieb (vgl. 1. Armuts- und Reichtumsbericht Baden-Württemberg, S. 325). Eindeutig keinen Anteil am wachsenden Bruttoinlandsprodukt und damit am höheren Wohlstand haben Menschen in Einkommensarmut.

Auch in Baden-Württemberg gilt, dass sich zwischen 2007 und 2012 eine Stagnation der Einkommen im untersten Einkommensdezil und ein deutlicher Zuwachs im obersten Einkommensdezil beobachten lässt (vgl. 1. Armuts- und Reichtumsbericht Baden-Württemberg, S. 325). Dies ist insoweit bemerkenswert, dass in Baden-Württemberg die Menschen in der Regel über ein höheres Einkommen verfügen als in Deutschland. Besonders mit Blick auf die Ränder der Einkommensverteilung ist damit die Ungleichheit weiter gestiegen, die Schere weiter aufgegangen. Soziale Ungleichheit hat in der Folge zugenommen.

Dies erklärt sich u.a. daraus, dass gerade im Bereich der Vermögen und der damit erzielten Erträge Steuern gesenkt wurden. Die Liste reicht von der Abschaffung der Börsenumsatzsteuer, der Vermögenssteuer und der Gewerbekapitalsteuer über die Senkung der Spitzensteuersätze hin zur Steuerfreiheit für Veräußerungsgewinne. Vor allem mit der Abgeltungssteuer wurde ein zentrales Prinzip verlassen, nämlich Kapitaleinkommen genauso zu besteuern wie Arbeitseinkommen; deshalb wachsen die Vermögen derer, die ihr Einkommen durch Verwaltung ihrer Vermögen erzielen, immer schneller (vgl. Schick 2014).

Auch die Verteilung der Vermögen in Deutschland ist zunehmend ungleicher geworden, die Schere geht auch hier auseinander. Im Jahr 2013 verfügten zehn Prozent der Haushalte über 51,9 Prozent des Nettovermögens; 15 Jahre zuvor waren es dagegen noch 45,1 Prozent. Nur noch über ein Prozent des Vermögens verfügten dagegen die unteren 50 Prozent der Haushalte im Jahr 2013. 1998 waren es noch 2,9 Prozent (vgl. tagesschau.de). Dies trug wiederum dazu bei, die Einkommensschere weiter zu öffnen. Es sind die Armutsquote und damit der Anteil einkommens- und vermögensarmer Menschen in Deutschland von 14 Prozent im Jahr 2006 auf 15,5 Prozent im Jahr 2013 angestiegen.

An dieser Stelle ist es angezeigt die Frage nach der Entwicklung von Arbeitslosigkeit zu stellen, da diese zentral im Hinblick auf die Einkommenssituation von Menschen ist. „Nur" 2,65 Millionen Arbeitslose gab es im Oktober 2015. Doch diese Zahl täuscht. Denn mit 6,7 Millionen bezogen zweieinhalbmal so viele Menschen in Deutschland Arbeitslosengeld oder Hartz-IV-Leistungen. Über 1,7 Millionen Kinder unter 15 Jahren waren abhängig von Sozialgeld gem. SGB II. Aber nur ein Teil derer, die staatliche Unterstützung benötigen, gilt auch als arbeitslos im Sinne der Statistik (vgl. o-ton-arbeitsmarkt.de). Die bemerkenswerte Arithmetik der Statistikkünstler bei der Bundesagentur in Nürnberg lässt regelmäßig faktisch arbeitslose Menschen ungezählt.

Im Dezember 2015 meldete die Bundesagentur für Arbeit 2,68 Millionen Arbeitslose. Das gesamte Ausmaß der Menschen ohne Arbeit bildet die offizielle Zahl jedoch nicht ab. Denn mehr als 790.000 De-facto-Arbeitslose sind nicht in der Arbeitslosen-, sondern in der separaten Unterbeschäftigungsstatistik enthalten. Seit Jahren sind rund eine Million Menschen langzeitarbeitslos (vgl. O-Ton-Arbeitsmarkt). Es steht fest, dass sich der Arbeitsmarkt keineswegs so homogen wie in politischen Verlautbarungen dargestellt, zeigt. Ältere Menschen, Menschen mit lange zurückliegendem Qualifikationserwerb, mit eingeschränkter Mobilität oder gesundheitlichen Beeinträchtigungen haben es allen anderslautenden, oftmals politisch intendierten Aussagen zum Trotz, nach wie vor schwer einen neuen Arbeitsplatz zu finden. Spätestens seit dem berühmten Diktum Niklas Luhmanns aus dem Jahr 1995 (vgl. Luhmann in Bussemer 2011), wonach wir was wir wissen durch die Massenmedien wüssten, ist die Nichtmehrwahrnehmung medial wenig beachtlicher Fakten eine Erklärung dafür: Die Medien haben sich, von wenigen Ausnahmen abgesehen, leider von der Thematik langzeitarbeitsloser Menschen verabschiedet. Andere Themen scheinen wichtiger zu sein.

6 Zur „neuen" Arbeitsmarktpolitik im Kontext des SGB II

Eine Fülle an arbeitsmarktpolitischen Änderungen hat mit dem SGB II Einzug gehalten. Sie lösten einander in rascher Folge mit den häufigen Veränderungen des SGB II ab. Stand anfangs der Anspruch des „Fordern und Förderns" im Fokus des Gesetzgebers, so verschob sich dieser Anspruch in der Praxis nach und nach zum bloßen „Fordern". Als Folge der Sparpolitik der Bundesregierung in Verbindung mit der sog. „Instrumentenreform", die zum 1. April 2012 in Kraft trat, sind die Chancen am Arbeitsmarkt besonders benachteiligter, langzeitarbeitsloser Menschen nochmals schlechter geworden. 2014 wurde jeder siebte Euro aus dem Budget für arbeitsmarktpolitische Maßnahmen bei Hartz-IV-Empfängern in das Verwaltungsbudget der Jobcenter umgeschichtet. Manche Jobcenter bedienen sich inzwischen (2015) bei bis zu zwei Dritteln der Fördergelder mittels Umschichtung aus dem Eingliederungs- in den Verwaltungsetat (vgl. o-ton-arbeitsmarkt), weil ihre Verwaltungshaushalte zu knapp bemessen sind. Es scheint so, als fände sich auch die gegenwärtige Arbeitsmarktpolitik faktisch mit der Zweitklassigkeit Deutschlands im Konzert der europäischen Länder ab, indem sie Langzeitarbeitslosigkeit als gegeben akzeptiert. Seit Jahren stagniert die Zahl der Langzeitarbeitslosen in Deutschland bei etwa einer Million und gibt beredtes Zeugnis von den Misserfolgen einer langen Reihe zuständiger MinisterInnen.

Der häufig zu hörende Verweis auf die segensreichen Wirkungen des zum 1. Januar 2015 eingeführten Mindestlohngesetzes ist durchaus richtig – nur hilft es keinem einzigen Menschen ohne Arbeit, dass er/sie theoretisch mehr verdienen würde, so er/sie denn Arbeit hätte. Was fehlt, sind entschlossene und nachhaltige Hilfen für die mehr als eine Million langzeitarbeitslosen Menschen, deren Perspektive auf einen Arbeitsplatz sich mit jedem Tag weiter verschlechtert. Die Bemühungen der gegenwärtigen Bundesarbeitsministerin sind sicher gut gemeint. Aber mit einer geplanten Zahl von bis zu 33.000 aus dem ESF-finanzierten und weiteren 10.000 Maßnahmeplätzen, jedoch ohne individuellen Rechtsanspruch und ohne echte Mittelaufstockung seitens des BMAS bleibt die aktuelle Arbeitsmarktpolitik weit hinter den Erfordernissen zurück (vgl. Bundestagsdrucksachen 18/3144, Ausschussdrucksache 18/(11)234). Treffend analysiert der DGB die prekäre Lage und fasst damit zusammen was nüchterne Bilanz in Sachen Arbeitsmarktchancen für Menschen in Langzeitarbeitslosigkeit ist: „Im Jahr 2014 war die Chance eines Übergangs in Beschäftigung auf dem regulären Arbeitsmarkt für einen Arbeitslosen ohne Abschluss im Hartz-IV-System zuletzt fünf Mal geringer, als für einen Arbeitslosen mit Berufsabschluss aus dem Versicherungssystem" (vgl. DGB 2015).

7 Wohnungsnot und Hartz IV – eine unheilvolle Allianz

Bei der Frage nach angemessener Wohnraumversorgung ist der Tatsache Rechnung zu tragen, dass es bundesweit unterschiedliche Ausgangslagen gibt. Der folgende Abschnitt beleuchtet zunächst die Situation im wirtschaftlich prosperierenden Baden-Württemberg und nimmt dann die Situation in Deutschland in den Fokus.

Ein erheblicher Mangel an Wohnraum v.a. in Ballungsräumen, ein ausgeprägter Mangel an Sozialwohnraum, sowie zu niedrige Mietobergrenzen für Menschen im Hartz-IV-Leistungsbezug sind einige Merkmale der dortigen Situation. 17 der 30 teuersten Städte Deutschlands liegen in Baden-Württemberg (vgl. Badische Zeitung, 14.10.2014) und ein eklatanter Leerstand von 4,2 Prozent aller Wohnungen (210.240 von 5 Millionen, vgl. Stuttgarter Nachrichten, 25.02.2015) verschärfen den Mangel an verfügbarem Wohnraum. Dies gilt nicht alleine in den Großstädten. Auch attraktive Kleinstädte (z.B. Schwäbisch Hall) sind davon betroffen; eine monatliche Warmmiete von 23,52 Euro/qm bei einer Pensionsunterbringung ist hier nachgewiesen. In Universitätsstädten wie Heidelberg oder Tübingen werden Quadratmetermieten von bis zu 30 Euro für „Bruchbuden" bezahlt. Der Verdrängungswettbewerb für Menschen in Einkommensarmut ist massiv! Weshalb das so ist erklärt sich auch aus der seit 1994 kontinuierlich gesunkenen Bautätigkeit bei gleichzeitig gewachsener Bevölkerung. Die Zahl der mietpreisgebundenen Wohnungen in Baden-Württemberg ist von 177.000 im Jahr 2000 auf nur noch 47.000 in 2009 gesunken; mittlerweile dürfte sie noch niedriger sein (Stat. Landesamt, Familie und Wohnen 2013, S. 26). Längst haben StatistikerInnen errechnet, was jede/r PraktikerIn Sozialer Arbeit im Hilfefeld §§ 67 ff SGB XII tagtäglich wahrnimmt: Der faktische Bedarf wird nicht gedeckt. Die Unterdeckung führt zu Verdrängungseffekten. Am Ende bleiben Menschen in unteren sozialen Schichten unversorgt, zumal die Mietobergrenzen bei Leistungsbeziehenden gem. SGB II oder SGB XII vielerorts lebensfremd niedrig sind. Die Zahl der am Wohnungsmarkt Verdrängten wird in Zukunft weiter ansteigen und wirft die Frage auf, welche Chancen auf bezahlbaren Wohnraum Menschen in Bedarfslagen gem. §§ 67 ff SGB XII überhaupt noch haben?

Der in Baden-Württemberg gelegentlich erfolgende Verweis auf Leerstände in anderen Bundesländern trägt ebenso wenig zur Problemlösung bei wie der Hinweis, es gäbe in sehr ländlich geprägten Regionen durchaus Möglichkeiten Wohnraum zu finden. Was nützen Menschen in Leistungsbezug gem.

SGB II, die zur Suche und Aufnahme jeglicher Arbeit verpflichtet sind, Dörfer ohne verlässliche ÖPNV-Anbindung und ohne funktionierende Infrastruktur? Häufig haben günstige Wohnungen teure Nachteile: Schlecht isolierte Altbauwohnungen, alte Geräte mit hohem Energieverbrauch o.ä. sind hier obligatorisch. Und wie soll man vom Regelsatz der Grundsicherung Fahrtkosten von zehn bis fünfzehn Euro bezahlen für jeden Besuch beim Amt, für den Einkauf oder einen Arzttermin?

Es ist anzuerkennen, dass die Landesregierung dem sozialen Wohnungsbau in Baden-Württemberg neue Bedeutung zumisst. Die Schaffung von preiswertem und nachhaltigem Wohnraum durch Förderung des sozialen Wohnungsbaus wird von der derzeitigen Landesregierung verstärkt. Sie erhöht ihr Förderprogramm für den Bau von bezahlbarem Wohnraum von 63 auf jeweils 75 Millionen Euro (Gesamtverfügungsrahmen) in den Jahren 2015 und 2016. Der Schwerpunkt liegt auf der Förderung von Mietwohnraum, wo nun 50,5 Millionen Euro den Bau von rund 2.340 Wohnungen/Jahr möglich machen sollen. Hält sie diese Steigerungen auch in den Folgejahren durch, prognostizieren Statistiker im Kontext demografischer Veränderungen langfristig eine gewisse Entspannung, wobei dabei die seit 2015 enorm ansteigende Zuwanderung nicht berücksichtigt ist (vgl. Statistisches Monatsheft Baden-Württemberg 03/2011).

Dennoch kann die Frage nach Zugangschancen zu bezahlbarem, menschenwürdigen Wohnraum für einkommensarme Menschen und insbesondere für Menschen in Bedarfslagen gem. §§ 67 ff SGB II damit kurz- und mittelfristig nicht beantwortet werden. Die Antwort wird nicht einfacher durch den Umstand, dass zunehmend mehr Menschen als Flüchtlinge zu uns kommen und ebenso menschenwürdig wohnen wollen und sollen. Hier bedarf es schneller, vielleicht auch unkonventioneller Lösungen wie etwa den Umbau vorhandener Gewerbeimmobilien oder den Einsatz qualitativ guter, preiswert in industrieller Produktion zu erstellender Fertighäuser. Ein wegweisender Ansatz könnte der das von Bundesbauministerin Hendricks gestartete „Modellvorhaben zum nachhaltigen und bezahlbaren Bau von Variowohnungen" werden (vgl. Pressemeldung BMUB Nr. 295/15 vom 05.11.2015).

Aber auch die EigentümerInnen der mehr als 210.000 leer stehenden Wohnungen im „Ländle" sind angesichts der Bedrängnis vieler MitbürgerInnen aufgerufen, ihre Wohnungen wieder im Markt anzubieten; auf diese Weise ließe sich kurzfristig die existenziell bedrängende Lage mancher Wohnungssuchenden lösen. Der Erste Armuts- und Reichtumsbericht 2015 kommt für Baden-Württemberg zusammenfassend zur Feststellung:

„Es bedarf einer Gesamtkonzeption des Landes zur bedarfsgerechten Wohnungsversorgung mit dem Ziel, eine flächendeckende Versorgung mit Wohnraum für alle Menschen (insbesondere am unteren Einkommensrand) mit sozialer Infrastruktur im Quartier sicherzustellen. Das erste wohnungspolitische Maßnahmenpaket (Zweckentfremdungsverbot, Erschwerung von Umwandlungen in Gebieten mit Erhaltungssatzung), welches die Landesregierung 2013 auf dem Weg gebracht hat, stellt einen Einstieg dar und muss weiterentwickelt und umgesetzt werden. Nötig ist, dass die Landesregierung ihre Wohnbaumittel drastisch und deutlich erhöht und zugleich die Förderkonditionen attraktiver und unbürokratischer gestaltet. Wohnungsunternehmen, insbesondere kommunale und Genossenschaften sollten geförderte Wohnungen mit Belegungsbindungen bauen und ihre soziale Verantwortung gegenüber denjenigen wahrnehmen, die nicht die gegenwärtigen Marktmieten bezahlen können. Das sind aus Sicht der Ligaverbände Bausteine des angekündigten „Paradigmenwechsels" in der Wohnungspolitik des Landes" (vgl. Erster Armuts- und Reichtumsbericht Baden-Württemberg, S. 758).

Abschließend ein Blick auf die Situation im Bund. Zusammenfassend stellt die Bundesarbeitsgemeinschaft Wohnungslosenhilfe (BAG W) einen drastischen Anstieg der Wohnungslosigkeit in Deutschland fest. 2014 waren bereits ca. 335.000 Menschen in Deutschland ohne Wohnung, seit 2012 ist dies ein Anstieg um ca. 18 Prozent. Die BAG W prognostiziert: „Wenn die wohnungs- und sozialpolitischen Rahmenbedingungen nicht nachhaltig geändert werden, wird es zu einem weiteren Anstieg der Wohnungslosenzahlen um 60 % auf knapp 540.000 bis zum Jahr 2018 kommen. Dabei spielt die wachsende Zuwanderung von EU-Bürgern und Asylbewerbern zwar eine Rolle als Katalysator und Verstärker, die wesentlichen Ursachen liegen jedoch in einer seit Jahrzehnten verfehlten Wohnungspolitik in Deutschland, in Verbindung mit einer unzureichenden Armutsbekämpfung" (vgl. BAG W, Pressemitteilung vom 05.10.2015). Wie ernst nimmt die große Koalition diese Entwicklung, trotz derer sie sich beharrlich dem drängenden Wunsch von ExpertInnen verweigert, eine bundesweite Wohnungsnotfallstatistik einzuführen?

Sicher scheint, dass es ohne Schaffung großer Mengen neuer Wohnungen v.a. in Ballungsräumen nicht gehen wird – wobei diese städteplanerisch grundsätzlich so anzulegen sind, dass keine Ghettoisierung bestimmter Gruppen entsteht –. Wenn die Bundesregierung für den Zeitraum 2016 bis 2019 die Mittel für den sozialen Wohnungsbau um 500 Millionen

Euro auf eine Milliarde Euro jährlich erhöht, ist das uneingeschränkt zu begrüßen (Bundesregierung, 20.01.2016).

Nach Analyse des Eduard Pestel Institut für Systemforschung e.V. hat nur jeder fünfte finanzschwache Haushalt derzeit überhaupt die Chance, eine Sozialmietwohnung zu bekommen. Der aktuelle, bundesweite Bedarf wird mit rund 5,6 Millionen Sozialwohnungen konstatiert, wobei derzeit lediglich 1,6 Millionen auf dem Wohnungsmarkt verfügbar seien (vgl. Pestel-Insitut Hannover, aufgerufen 20.02.2016).

Verantwortlich dafür ist einerseits die Tatsache, dass immer mehr Wohnungen aus der Mietpreisbindung heraus fallen. Andererseits werden gegenwärtig nur rund 30.000 Sozialwohnungen mit Preis- oder Belegungsbindungen in den Markt gebracht, davon nur noch rund 10.000 neu gebaute Sozial-mietwohnungen. Um wenigstens den aktuellen Bestand von 1,6 Millionen Sozialwohnungen zu halten, braucht man jährlich mindestens 130.000 neue Wohneinheiten (vgl. a.a.O.).

Das Institut konstatiert: „Deutschland hat neue Wohnungsnot. Wenn der Mietwohnungsbau nicht verdoppelt wird und auf mindestens 130.000 neue Wohnungen pro Jahr ansteigt, dann wird sich die Mietwohnungslücke drastisch vergrößern: In fünf Jahren werden dann 400.000 Mietwohnungen bundesweit fehlen. Unterm Strich bedeutet dies somit, dass bis 2017 ins-gesamt 825.000 Mietwohnungen neu gebaut werden müssen" (vgl. a.a.O.).

Nach aktueller Prognose des Bundesbauministeriums werden in den nächsten Jahren jeweils mindestens 350.000 neue Wohnungen benötigt um Familien, Alleinerziehende, Studierende und die steigende Zahl von Flüchtlingen angemessen unterbringen zu können. Als Reaktion will der Bund mit der verbilligten Abgabe von Grundstücken, durch Förderanreize, mit Verein-fachungen im Bauplanungsrecht und der Förderung von kostengünstigen „Vario-Wohnungen" ein umfassendes Maßnahmenpaket auf den Weg bringen und „… mehr bezahlbaren Wohnraum dort schaffen, wo er am dringendsten gebraucht wird: in den Groß- und Universitätsstädten sowie den stadtnahen Landkreisen" (vgl. Pressemeldung BMUB Nr. 325/15 vom 27.11.2015).

Da Bedarfe und Wohnungsmarktsituationen zwischen den Bundesländern und auch innerhalb der Länder differieren, folgt das BMUB der richtigen Spur mit der angekündigten Konzentration auf Groß- und Universitäts-städte, sowie stadtnahe Landkreise. Es sollte aber auch der ländliche Raum nicht aus dem Blick geraten. Ob die geplanten Maßnahmen in der Summe hinreichend sind, bleibt abzuwarten.

8 „Les misérables" – das Elend der Sanktionspraxis

Mit SGB II hat eine massive, flächige Sanktionspraxis Einzug gehalten, die für unter 25-Jährige zum 1.April 2011 nochmals verschärft wurden (vgl. § 31 a Abs.2 SGB II). Jährlich werden bis zu einer Million Leistungsberechtigte sanktioniert. Sanktionen treffen Hartz-IV-EmpfängerInnen, die einen Termin beim Jobcenter versäumen, eine Maßnahme nicht antreten oder ein Jobangebot als nicht zumutbar ablehnen. Sie müssen mit empfindlichen Kürzungen des Arbeitslosengeldes II bis hin zur völligen Streichung rechnen. Besonders hart wird mit Arbeitslosen unter 25 Jahren verfahren. Ihnen kann das Jobcenter schon mit der zweiten Sanktion den Regelsatz komplett streichen. Bereits bei einer 30-prozentigen Kürzung kommt es zu gravierenden Problemen, Waren des täglichen Bedarfs und Rechnungen bezahlen zu können. Sanktionen führen zunehmend in existenzgefährdende Armut und Wohnungslosigkeit. Aber es gibt bisher keinen wissenschaftlichen Beleg für positive Effekte von Sanktionen auf die Leistungsberechtigten! Mit dem Anspruch einer entwickelten, reifen Zivilgesellschaft sind Sanktionen als Umgangsform des Staates mit seinen BürgerInnen schwer in Einklang zu bringen. Mit seinem Urteil vom 26. Mai 2015 (S 15 AS 5157/14) macht das Sozialgericht Gotha grundsätzliche Zweifel daran geltend, dass eine Kürzung der Grundsicherung durch Sanktionen verfassungsrechtlich zu rechtfertigen ist. Das Gericht legt dem Bundesverfassungsgericht die Fragen zur Entscheidung vor, ob eine Kürzung von mehr als 30 Prozent mit dem Recht auf ein menschenwürdiges Existenzminimum vereinbar ist, ob durch Sanktionen im SGB II gegen das „Recht auf Leben und körperliche Unversehrtheit" verstoßen wird und ob Sanktionen gegen die Berufsfreiheit verstoßen. In seinem Beschluss kommt das Gericht zu folgendem Ergebnis (S. 49): „§ 31a i.V.m. § 31 und § 31b SGB II verstoßen gegen Art.1 Abs. 1 i. V. m. Art. 20 Abs.1 GG, Art. 2 Abs.2 S.1 GG, Art. 12 Abs. 1 GG. Sie sind nicht verfassungskonform auslegbar. Die Minderung des Regelbedarfs durch Sanktionen stellt eine erhebliche Abweichung vom verfassungsgemäßen Zustand dar. Diese Abweichung überzieht den Gestaltungsspielraum des Gesetzgebers und führt zu einem normativen Fehlbetrag im Sinne einer verfassungsrechtlichen Beschwer" (vgl. diakonie.de). Welche Impulse von der anstehenden Entscheidung des BVerfG ausgehen bleibt abzuwarten; es ist zu vermuten, dass sie nicht alle Hoffnungen der durch Sanktionen beeinträchtigten Menschen erfüllen wird.

9 Conclusio: „Auf schwankendem Grund"

Nüchternes Fazit ist: Die Lebenslage einkommensarmer Menschen in Deutschland hat sich seit Einführung des SGB II objektiv verschlechtert. Die Armutsquote ist gewachsen, einkommensarme Menschen leben hierzulande „auf schwankendem Grund". Die Situation der Menschen wäre wohl anders, wenn Kanzler Schröder den politischen Preis – massive Brüche in der Sozialdemokratischen Partei Deutschlands – vorausgesehen hätte. Das Augenmaß ist ihm und weiten Teilen seiner rot-grünen Regierung der Jahre 2002 bis 2006 bei den „Hartz-Reformen" abhandengekommen. Kaum mehr als das statistische „Herausholen" der einkommensarmen Menschen aus verdeckter Armut; sowie die (zunächst) verbesserte Versichertensituation in der Sozialversicherung bleiben als die wenigen positiven Aspekte einer ansonsten für die Betroffenen verhängnisvollen Gesetzgebung in Erinnerung. Dass die offensive Schaffung von Niedriglohnsektoren wirtschaftspolitisch wirksam war, löst gewiss keinen Jubel bei den darunter Leidenden aus. Dominant ist das entstandene Bild wachsender sozialer Ungleichheit, enormer handwerklicher Fehler im Gesetz die dann durch Rechtsprechung und/oder Novellierung korrigiert werden müssen, eines über Jahre anhaltenden Chaos und Zuständigkeitsgerangels in der Administration sowie widersprüchlicher Rechtsprechung. Ob sich dies mit dem „SGB II-Rechtsvereinfachungsgesetz" gravierend ändern wird, darf bezweifelt werden. Der vorgelegte Gesetzentwurf zur sogenannten Rechtsvereinfachung im SGB II entlastet vermutlich die Behörden ein Stück weit, verschärft zugleich aber die Situation der in Armut lebenden Menschen.

Zusammenfassend bringt der britische Historiker Tony Judt die Entwicklungen in Folge des eingangs zitierten Schröder-Blair-Papiers auf folgenden Nenner: „Die Auswirkungen materieller Ungleichheit zeigen sich erst nach einiger Zeit: der Konkurrenzkampf verschärft sich, die Menschen fühlen sich überlegen (oder minderwertig), die Vorurteile gegenüber den Schwächeren verstärken sich, die Pathologien sozialer Benachteiligung werden immer deutlicher ..." (vgl. Judt 2010).

Dringend überfällig ist die Aufgabe, diese Pathologien sozialer Benachteiligung, also Fehlregulationen durch Hartz IV, die sich bereits mittelfristig z.B. in stetig zunehmender Altersarmut niederschlagen werden, politisch zu korrigieren.

Aber wen interessieren diese Pathologien sozialer Benachteiligung im Moment noch? Andere Fragen sind in den Vordergrund getreten. Es verschärfen sich die gesellschaftlichen Debatten in Anbetracht der stark gewachsenen Migrationsbewegungen nach Deutschland seit 2015 erheblich. Somit erscheint die Gemengelage aktuell deutlich komplexer, als sie sich bei Einführung von „Hartz IV" darstellte. Das Flüchtlingsthema ist omnipräsent. Die Stimmung ist in weiten Bevölkerungskreisen aufgeheizter, als sie es 2005 war. Mehr als ein Zehntel der BundesbürgerInnen würde aktuell die rechtsradikale Partei AfD wählen (vgl. Der Spiegel 4/2106, S. 19), deren beide Vorsitzenden sogar Schusswaffengebrauch gegen Flüchtlinge als mögliches Mittel zu deren Abwehr sehen. Treiben wir auf eine Zerreißprobe zu, die sich in Deutschland bei den 2016 anstehenden Landtagswahlen Bahn brechen wird?

Die Bereitschaft zur Senkung rechtsstaatlicher und leistungsrechtlicher Standards ist ausgeprägter als vor zehn Jahren. In Sachen Flüchtlinge wurden die zu verurteilenden Vorgänge von Köln in der Silvesternacht 2015 als Handhabe genützt, um in Windeseile die Freizügigkeit von Fremden auf dem Boden des Grundgesetzes zu beschränken, straf- und ausländerrechtliche Verschärfungen auf den Weg zu bringen. Man kann trefflich darüber streiten, ob die Schnelle der politischen Aktionen der Sache angemessen ist: Zeichnet sich gute Politik nicht gerade dadurch aus, dass sie in hektischen Zeiten mit ruhiger Hand, Augenmaß und der erforderlichen Zeit für den zivilgesellschaftlichen Problemdiskurs agiert? Für die gegenwärtige, gesetzgeberische Hektik sind auch PolitikerInnen verantwortlich zu machen, die aus politischem Kalkül gezielt (Fremden-) Angst schüren, oder die im Zuge innerparteilicher Auseinandersetzungen Stimmungen aufheizen, wie z.B. der CDU-Generalsekretär Peter Tauber. Er fordert, dass die Länder viel mehr abgelehnte Asylbewerber als bisher in ihre Heimatländer abschieben sollen, „möglichst 1000 am Tag" (vgl. Augsburger Allgemeine vom 12.01.2016). Könnte dahinter einmal mehr das Bestreben deutscher (Un-) Kultur stehen, vermeintlich einfache Lösungen anzubieten und dafür gerne das Sündenbockphänomen zu bemühen? Was auch immer die Motive solcher PolitakteurInnen sein mögen: Sie handeln brandgefährlich für den inneren Frieden unseres Landes und gefährden zudem die EU in ihrer Substanz.

Der Zickzack-Kurs der Bundesregierung in der Flüchtlingspolitik ist insgesamt bemerkenswert. Noch im Herbst 2015 standen Menschenrechte im Zenit bundespolitischer Maßstäbe. Der 4. September war, auch bei unterschiedlicher politischer Bewertung der Grenzöffnung für in Ungarn gestrandete Flüchtlinge, sicher ein Höhepunkt in der Geschichte der Humanität in Deutschland. Aber inzwischen findet ein Geschacher statt, das zur Abwehr von Flüchtlingen selbst einen Milliarden schweren, faustischen

Bund mit Regierungen nicht scheut, die Menschen- und Bürgerrechte in ihren Ländern mit Füßen treten, wie der türkische Präsident Erdogan. Das Motto: Haltet uns die Flüchtlinge vom Hals und ihr bekommt Geld! Nationalismen feiern derweil auch in anderen Ländern fröhliche Urstände, etwa in Polen oder Ungarn. Der europäische Boden schwankt.

Es mag sein, dass der alterweise Erhard Eppler richtig liegt in seiner Einschätzung wonach die Bereitschaft, ein gemeinsames Haus Europa aufzubauen, bei den Beteiligten insgesamt abnehme. Als Hauptverursacher dafür macht er den Marktradikalismus verantwortlich, wobei die marktradikale Wende in Deutschland erstmals 1982 spürbar geworden sei (vgl. Eppler 2015). Seinen Tiefpunkt hätte die Idee des gemeinsamen Hauses Europa aber wohl erst in dem Moment erreicht, an dem die universalen Menschenrechte nicht mehr gemeinsames Ideal wären und nicht mehr als gemeinsamer Wertekanon taugen. Wie weit ist es bis dahin noch, wenn in Ländern an den europäischen Außengrenzen trotz einer sehr fragwürdigen Menschenrechtspraxis sog. „Hot Spots" als Auffang-, Registrierungs- oder Abwehrstationen für Flüchtlinge herhalten müssen, die vor den Schergen in ihren Herkunftsländern selten mehr als das blanke Leben retten konnten? Was aber wird von der EU, wenn sie sich von der unbedingten und uneingeschränkten Bejahung der Menschenrechte abwendet, übrigbleiben?

Die in vielen Ländern stattfindende Abkehr vom Schengen-Abkommen, sichtbar gemacht durch täglich länger werdende Grenzzäune, gibt beredtes Zeugnis von den aktuellen Trends. Würde die EU scheitern, so hätte dies massive Folgen für ihre BürgerInnen. Wahrscheinlich aber würden die Menschen in unteren sozialen Schichten in den wohlhabenden Regionen, und damit in Deutschland, diese noch stärker spüren als Menschen an der ökonomischen Peripherie der EU-28. Denn es gehört nur wenig Phantasie dazu sich vorzustellen, wie in diesem Fall auch das Ende offener EU-Märkte in Sichtweite käme. Die gemeinsame Währung hätte dann wohl ihre Zukunft hinter sich. Das marktradikale Mantra der Mehrheitsgesellschaft in Deutschland würde in Windeseile zu Begründungen für die dann „leider, leider" unvermeidlichen, sozialrechtlichen Einschnitte zur Durchsetzung neuer Kürzungen führen. Auch deshalb stehen die Sozialpolitik im eigenen Land und die europäische Flüchtlings(abwehr)politik in einem engeren Kontext als gemeinhin angenommen.

Und trotzdem gilt für unser Land: Angesichts eines enormen Wohlstandes bei der Mehrzahl der BundesbürgerInnen, großen materiellen Reichtums und des höchsten Steueraufkommens seit Bestehen der Bundesrepublik waren die ökonomischen Voraussetzung für Korrekturen selten günstiger als zehn Jahre nach „Hartz IV". Für 2015 verbucht Finanzminister Schäuble einen öffentlichen Finanzierungsüberschuss in Milliardenhöhe (vgl. Stat. Bundesamt, Pressemitteilung Nr. 486 vom 29.12.2015).

Aber es steht zu befürchten, dass sich die Koalition im Hinblick auf einkommensarme Menschen in Selbstzufriedenheit eingerichtet hat und in dieser Legislaturperiode nicht wirklich die Änderungen auf den Weg bringt, die erforderlich wären, um die Lebenslagen der Menschen in unserem Land wieder näher zueinander zu bringen und die gewachsene soziale Ungleichheit zu reduzieren. Um es im Bild zu sagen: Die aufklaffende Schere zwischen Armen und Reichen ein Stück weiter zu schließen und für mehr soziale Gerechtigkeit zu sorgen. Den Maßstab dazu gibt Art. 1 Abs. 1 GG vor. Er ist unverrückbar und lautet: „Die Würde des Menschen ist unantastbar. Sie zu achten und zu schützen ist Verpflichtung aller staatlichen Gewalt". Diesem Maßstab ist auch nach 10 Jahren mit Hartz IV nichts hinzuzufügen. Ihm zu folgen bleibt für Deutschland die richtige Strategie. Er ist zugleich Mittel und Ziel, um „schwankenden Grund" wieder in einen festen Boden zu verwandeln, der Menschen in schwierigen Lebenslagen sicher trägt, ob jemand hier oder andernorts geboren ist.

Literatur

Bundestagsdrucksachen-Ausschussdrucksache 18(11)234, 18/3918, 18/3146.

Bussemer, Thymian: Die erregte Republik. Wutbürger und die Macht der Medien. Stuttgart 2011.

Deutscher Gewerkschaftsbund: Arbeitsmarkt aktuell Juni 2015. Berlin.

Diakonisches Werk der Ev. Kirche in Deutschland (Hrsg.): Zur Rechtsstellung einkommensarmer Menschen und den notwendigen Änderungen im SGB II, Diakonie-Texte 07.2009. Berlin 2009.

Diakonisches Werk der Ev. Kirche in Deutschland (Hrsg.), Gerechte Teilhabe an Arbeit. Diakonische Position zur aktuellen Arbeitsmarktpolitik, Diakonie-Texte 12.2010. Berlin 2010.

Diakonisches Werk der Ev. Kirche in Deutschland (Hrsg.), Rechtssicherheit und Fairness bei Grundsicherung nötig. Diakonie-Umfrage ergibt: SGB-II-Rechtsansprüche regelmäßig nicht umgesetzt, Diakonie-Texte 05.2012. Berlin 2012.

Edtbauer, Richard/Kievel: Grundsicherungs- und Sozialhilferecht für soziale Berufe. München 2011.

Eilenberger, Wolfram, in: Spiegel online, http://www.spiegel.de/panorama/gesellschaft/fluechtlinge-das-ende-der-lebensluege-a-1071077.html, aufgerufen am 11.01.2016.

Eppler, Erhard: Links leben. Erinnerungen eines Wertkonservativen. Berlin 2015.

Gillich, Stefan/Keicher, Rolf: Bürger oder Bettler. Soziale Rechte von Menschen in Wohnungsnot im Europäischen Jahr gegen Armut und soziale Ausgrenzung, Wiesbaden 2012.

Hans-Böckler-Stiftung: Magazin Mitbestimmung. Ausgabe 01+02/2000.

Hausmann, Ute: 20 Jahre Tafeln – kein Grund zum Feiern, in: Müller u.a. (Hrsg.): Grundrechte-Report 2014. Zur Lage der Bürger- und Menschenrechte in Deutschland. Frankfurt/M. 2014.

Huinink, Johannes/Schröder, Thorsten: Sozialstruktur Deutschlands. Konstanz 2008.

Judt, Tony: Dem Land geht es schlecht: Ein Traktat über unsere Unzufriedenheit. Frankfurt/M. 2014.

Ministerium für Arbeit und Sozialordnung, Familie, Frauen und Senioren Baden-Württemberg: Erster Armuts- und Reichtumsbericht Baden- Württemberg. Stuttgart 2015.

Moderne Dienstleistungen am Arbeitsmarkt-Bericht der Hartz-Kommission. Berlin 2002.

Müller, Albrecht: Die Reformlüge. München 2004.

Münder, Johannes (Hrsg.): Lehr- und Praxiskommentar SGB II, 4. Aufl. Baden-Baden 2011.

Sartorius, Wolfgang (Hrsg.): Wer wenig im Leben hat, braucht viel im Recht. Reutlingen 2009.

Schick, Gerhard: Machtwirtschaft, nein danke. Frankfurt/M. 2014.

Schröder, Gerhard/Blair, Tony: Der Weg nach vorne für Europas Sozialdemokraten. London: 08.06.1999, http://www.glasnost.de/pol/schroederblair.html(aufgerufen am 14.09.2015).

http://www.o-ton-arbeitsmarkt.de/o-ton-statistik/arbeitsmarktpolitik-anteil-der-geforderten-sinkt (aufgerufen am 11.08.2015).

http://www.o-ton-arbeitsmarkt.de/o-ton-news/unterfinanzierte-jobcenter-von-flexibler-nutzung-zur-pluenderung-der-foerdergelder-fuer-arbeitsmarktpolitische-massnahmen (aufgerufen am 14.09.2015).

http://www.o-ton-arbeitsmarkt.de/o-ton-news/hartz-iv-bezieher-sind-gleich-arbeitslose-warum-es-in-deutschland-705-millionen-hartz-iv-und-arbeitslosengeldempfaenger-aber-nur-drei-millionen-arbeitslose-gibt (aufgerufen am 14.09.2015).

http://www.o-ton-arbeitsmarkt.de/newsletter/arbeitsmarkt-im-dezember-347-millionen-menschen-ohne-arbeit (aufgerufen am 19.01.2016).

http://www.pestel-institut.de/themenbereiche/wohnungsmarkt (aufgerufen am 22.02.2016).

SOZIALRECHT JUSTAMENT kompakt und aktuell – Rechtswissen für die existenzsichernde Sozialberatung Jg.3 / Nr.15, Dezember/2015, http://www.sozialrecht-justament.de (aufgerufen am 17.01.2016).

http://www.tagesschau.de/wirtschaft/vermoegen-deutschland-verteilung-101.html (aufgerufen am 31.01.2016).

https://www.bundesregierung.de/Content/DE/Artikel/2016/01/2016-01-20-wohnraum-fuer-fluechtlinge.html (aufgerufen am 09.02.2016).

Markt und Menschenwürde – ein diakoniepolitischer Impuls

Dieter Kaufmann

Herzlichen Dank für die Einladung zu dieser spannenden Tagung heute. Und herzlichen Glückwunsch zu dieser sehr wichtigen und gelungenen Themenstellung. Bei diesem politischen Thema ist es hilfreich, wenn sowohl der Bundesverband als auch der Landesverband gut vertreten sind. Die Themenstellung zeigt, dass wir hier einen intensiven Dialog mit der Politik führen müssen – und zwar auf allen Ebenen: In den Kommunen und Landkreisen, im Land und im Bund.

Ich muss freilich gestehen, dass ich zunächst ein wenig über den mir angetragenen Titel gestolpert bin. Was genau soll oder könnte ein diakoniepolitischer Impuls sein? Ich sehe da zwei Möglichkeiten:

Die eine Möglichkeit: Ein Impuls der Diakonie als wichtiger Akteur im sozialen Feld an die Politik.

Die andere: Ein Impuls, der an die Diakonie selbst gerichtet ist und auf eine innerdiakonische Verständigung zielt.

Beides ist wichtig und nötig. Und beides ist elementare Aufgabe, der wir uns als Verband stellen. Und ich glaube, dass das eine nicht ohne das andere geht. Wir können nicht von der Politik Dinge fordern, die wir selbst nicht ernst nehmen. Es geht hier schlicht um Glaubwürdigkeit.

Biblische Ideologiekritik

Beginnen möchte ich freilich – und wer mich kennt weiß, dass das für mich unbedingt dazugehört – mit einer theologischen Reflexion.

Das Thema Markt und Ökonomisierung, auch das Thema der Kommerzialisierung von Religion sind ja nicht neu. Zwei herausragende Geschichten der Bibel machen das deutlich. Die eine stammt aus dem Alten, die andere aus dem Neuen Testament.

Das goldene Kalb

Zunächst also zum Alten Testament und zur Geschichte vom Goldenen Kalb. Das ist ja auch durch Luthers Übersetzung sprichwörtlich geworden. Wir erinnern uns: Da hat Gott sein Volk aus der ägyptischen Knechtschaft geführt. Mose, der Anführer ist verschwunden. Auf dem Sinai empfängt er die Zehn Gebote. Was aber passiert unten am Fuß des Berges? Mit ihrem Goldschmuck, den sie aus Ägypten mitgebracht haben, machen sie sich ein Goldenes Kalb, um das sie dann ausgelassen tanzen. Diese Geschichte muss man auf dem Hintergrund der späteren Auseinandersetzung im Nordreich unter König Jerobeam sehen, der in den Tempeln in Bethel und Dan zwei solche Kälber zur Verehrung aufstellen ließ. Es war der Versuch, mit dem Bild eines jungen Stieres den Gott darzustellen, der Israel aus der Sklaverei befreit hat. Das geschah in gewisser Anlehnung an ägyptische und kanaanäische Vorbilder. Die Formulierung des Bilderverbotes als Interpretation des ersten Gebotes „Du sollst keine anderen Götter neben mir haben" spiegelt nun das Ergebnis eines kritischen Reflexionsprozesses wieder. Jede Darstellung Gottes steht nämlich in Gefahr einer Verwechslung. Dass nicht Gott selbst angebetet wird, sondern seine Darstellung, seine Attribute. Wie z.B. Stärke, Durchsetzungsfähigkeit, Erfolg, Glanz und Reichtum. Es geht hier letztlich um Ideologiekritik. Es geht darum, Menschengemachtes und dessen Verehrung zu hinterfragen.

Diese sich mit dem 1. Gebot verbindende Ideologiekritik, die ja dann insbesondere von den Propheten als Kritik am Götzenkult weitergeführt wird, braucht es heute mehr denn je. Wir müssen uns mit einer Marktideologie auseinandersetzen, die zwar von Menschen gemacht ist, nicht aber den Menschen dient. Die Marktideologie setzt auf Konkurrenz und auf das Steuerungsmedium Geld. Sie unterwirft den Menschen ökonomischen Zwängen. Sie verzweckt ihn, sie macht Mitarbeitende zum Kostenfaktor und zu Leistungserbringern. Und das demotiviert und macht Mitarbeitende auf Dauer krank.

Die Tempelreinigung

Die zweite Geschichte, an die ich kurz erinnern möchte, knüpft daran an. Als Jesus in Jerusalem ist und die Vermarktung des dortigen Opferkultes miterlebt, wirft er die Tische der Händler und Geldwechsler um mit der bekannten Begründung: *„Mein Haus soll ein Bethaus heißen für alle Völker. Ihr aber habt eine Räuberhöhle daraus gemacht.“* (Markus 11, 17) Auch hier direkt sichtbar vor den Mauern des Tempels: Der Markt, auf dem gekauft und verkauft wird. Die Religion, der Kult, der für eine ganze Stadt das wirtschaftliche Rückgrat ist und für einige zumindest ein einträgliches Geschäft. Im Gesundheitsbereich lässt sich das ja ganz analog beobachten. Der Markt mit seiner ökonomisch motivierten Dynamik sorgt dafür, dass einige richtig reich werden und viele sich mit einem bescheidenen Einkommen zufrieden geben müssen. Im Markt gilt das Matthäusprinzip: Wer hat, dem wird gegeben. Die größten Einkommenssprünge machen in schöner Regelmäßigkeit die Gutverdiener.

Kurt Marti hat diese Entwicklung im Gesundheitswesen provokant so kommentiert: *„Eine Gesellschaft, in der das Geschäft mit der Krankheit zu einem der volkswirtschaftlich aufwändigsten und individuell einträglichsten hat werden können, ist selber krank.“*

Jesus stellt mit seiner Zeichenhandlung die Existenz des Marktes in Frage. Es geht hier im Bereich des Tempels und der Religion um die Verehrung Gottes, um das Gebet und nicht um die Verehrung des Geldes. Und auf uns bezogen müssen wir sagen: In der Diakonie geht es um Verehrung Gottes in Gestalt der Nächstenliebe. Und nicht um Marktanteile und Gewinnoptimierung. Oder um es mit der Bergpredigt zu sagen: *Ihr könnt nicht Gott dienen und dem Mammon* (Mt 6, 24).

Ich habe bewusst an diese beiden Texte erinnert, um deutlich zu machen, dass wir heute eine prophetische Aufgabe haben. Dass wir Ideologiekritik üben müssen. Nicht in der Weise, dass wir den Markt als solches verurteilen, aber umso mehr die Marktideologie mit ihren problematischen Folgen.

Der Sozialmarkt und seine Folgen

Dass wir heute von einer Marktideologie reden müssen, zeigt sich schon allein darin, dass die Etablierung eines Marktes im sozialen Bereich als Königs-, ja als Heilsweg propagiert wurde und teilweise vor allem auch in Brüssel nach wie vor propagiert wird. Wobei die heutigen Marktbefürworter ja oft bescheidener auftreten, wenn sie sagen: Nur der Markt bewahrt uns vor größerem Unheil – sprich einer Kostenexplosion. Denn genau mit dieser Hoffnung war die Abkehr vom Kostendeckungsprinzip vor gut zwanzig Jahren ja verbunden. Und sie war verbunden mit dem Menschenbild des homo oeconomicus und damit einer Unterstellung: Dass jeder Mensch, aber auch jedes Unternehmen primär an den eigenen Nutzen denkt und ohne Kontrolle, ohne Wettbewerb die Kosten kontinuierlich steigen. Ein klassisches Beispiel dafür, wie sehr Menschen von sich auf andere schließen.

Anhand von zwei Beispielen will ich nun konkretisieren, weshalb das Marktmodell oder besser die Marktideologie dem Menschen und seiner Würde keinesfalls dient, sondern vielmehr schadet.

Langzeitarbeitslosigkeit und soziale Ungerechtigkeit

Langzeitarbeitslose sind die Verlierer auf dem Arbeitsmarkt. Sie konnten sich nicht durchsetzen im Kampf um gute Noten und gute Posten. Sie haben entweder nie Fuß gefasst in einem Betrieb oder sie sind an den ständig wachsenden Anforderungen gescheitert. Oft in Kombination mit den unterschiedlichsten Beeinträchtigungen oder belastenden Lebensereignissen. Sie sind Opfer der Rationalisierungs- und Optimierungsstrategien vieler Firmen. In einer Leistungsgesellschaft, in der sich der Selbstwert maßgeblich an dem festmacht, was man leistet und sich leisten kann, wird man damit sehr schnell zum Außenseiter. In Zeiten einer relativ geringen Arbeitslosigkeit noch mehr. Wer jetzt keine Arbeit findet, ist ja selber schuld oder schlicht zu doof oder zu faul.

Eine Perspektive eröffnen deshalb zahlreiche Angebote im Sinne einer geförderten Beschäftigung. Die Erlacher Höhe hat hier viele gelungene Beispiele zu bieten. Umstritten war und ist freilich schon immer, woran man diesen Erfolg oder die Wirkung von geförderter Beschäftigung festmachen will. Ist es die Vermittlungsrate in den sogenannten ersten Arbeitsmarkt? Ist es die Zufriedenheit der Kunden? Oder ist es das Wohlergehen der

Beschäftigten? Aus unserer Sicht muss das Wohlergehen der Beschäftigten, die sonst arbeitslos wären, die höchste Priorität haben.

Der Erfolg dieser mit einer professionellen Begleitung verbundenen Arbeitsmöglichkeiten und deren Ausbau wurde aber nicht nur positiv bewertet. Die Lobbyabteilungen diverser Unternehmensverbände begannen laut von Wettbewerbsvorteilen durch geförderte Beschäftigungsangebote zu sprechen. Bei der Instrumentenreform, die in Wahrheit eher einer Abrissbirne glich, spielte dieses Konkurrenzargument eine wichtige Rolle. Auch hier hat sich das Gesetz des Stärkeren durchgesetzt. Zynisch wie damit Tausende Langzeitarbeitslose mit Hartz IV abgespeist und endgültig abgeschrieben werden.

Dass wir hier von einer Marktideologie sprechen müssen, zeigt sich auch darin, dass es selbst stichhaltige volkswirtschaftliche Argumente sehr schwer haben. Der von uns entwickelte und immer wieder hartnäckig in die politische Diskussion eingebrachte Passiv-Aktiv-Tausch wird nach wie vor von vielen als Milchmädchenrechnung abgekanzelt. Kennzeichen jeder Ideologie ist ihre Resistenz und Renitenz gegenüber vernünftigen Argumenten. Stattdessen zeichnet sich die Marktideologie durch den Fokus auf kurzfristige und handfeste wirtschaftliche Erfolge aus. Dieser Fokus fragt nicht nach den Menschen, die dabei auf der Strecke bleiben, er fragt auch nicht nach den positiven mittel- und langfristigen Effekten auf Mensch und Umwelt. Menschenwürde ist für Marktideologen ein Fremdwort.

Wir stehen heute, rund 20 Jahre nach Einführung des Marktmodells in das soziale Feld, an einem Punkt, an dem wir dringend eine kritische Bilanz ziehen müssten, an dem wir dringend nach sinnvollen Alternativen fragen müssten. Stattdessen wird auch in der EU das angelsächsische Modell des Sozialunternehmertums propagiert.

Ich frage mich da ernsthaft, warum wir uns in der EU an einem Land orientieren, das raus aus der EU will und das vor allem in beispielloser Weise gezeigt hat, wie sehr ein planvoller Sozialabbau mit einer massiven Ungleichheit der Lebensbedingungen einhergeht. Warum schauen wir nicht viel mehr nach Skandinavien, wo ein gut funktionierender Sozialstaat Voraussetzung einer hohen wirtschaftlichen Leistungsfähigkeit ist? Ganz zu schweigen von der deutlich höheren Geburtenrate. Wir sollten viel intensiver über diese Zusammenhänge nachdenken. Wo Leistung und Profit, wo Produktion und Konsum in einer Gesellschaft ganz oben stehen, da bleiben Menschen auf der Strecke, da geht Menschlichkeit verloren, da ist auch zu wenig Platz für Kinder.

Inklusion

Beim Thema Inklusion lässt sich nun beobachten, welche neue Strategie die Politik entwickelt, um einerseits die Kritik am Marktmodell scheinbar aufzunehmen und gleichzeitig doch am Marktmodell festzuhalten. Während bisher die Strategie darin bestand, Verantwortung munter zu verteilen und entsprechend der Logik der Sozialgesetzbücher hin und her zu schieben, während bisher gegenüber den Wählern immer das dringend notwendige Verhindern einer Kostenexplosion ins Feld geführt wurde, begibt sich die Politik – insbesondere als Landespolitik - in eine neue Rolle. Sie macht sich zum Anwalt der Menschenwürde und fordert entsprechende Standards ein. Sie nimmt die Zivilgesellschaft und ihre Akteure in die Pflicht etwa beim Thema Inklusion oder beim Thema Flüchtlinge. Sie erweckt den Anschein des verantwortlichen Handelns. Mit symbolträchtigen Kampagnen oder aufwändig inszenierten Vorzeigeprojekten. Aber ist das nachhaltig, bringt das wirklich Veränderungen, wenn die Rahmenbedingungen sich nicht ändern oder sich weiter verschlechtern? De facto schiebt die Landespolitik die Verantwortung anderen zu. Den Landkreisen, den Kommunen, der Zivilgesellschaft und ihren Akteuren. Sie setzt sich öffentlichkeitswirksam für die Wahlfreiheit von Bürgern ein. Jedes Kind hat ein Recht auf Betreuung, jedes Kind soll da beschult werden, wo die Eltern das wollen. Jeder Mensch mit Behinderung soll so leben können, wie er oder sie das will. Alles lobenswerte Ziele. Aber wenn dann die Verantwortlichen vor Ort danach fragen, wie sie das umsetzen sollen, dann kommt oft genug nur heiße Luft. Diese moralisch hoch aufgeladenen Vorgaben der Politik stellen an keiner Stelle die Systemfrage. Diese Vorgaben gehen selbstverständlich davon aus, dass das Marktmodell auch in Zukunft gilt.

Hier wird die ursprüngliche mit dem Subsidiaritätsprinzip verbundene Gestaltungsfreiheit und Partnerschaftlichkeit der freien Wohlfahrt immer mehr in ein sozialstaatliches Korsett gezwängt. Es braucht uns nicht zu wundern, dass auf diesem Hintergrund auch viele Landkreise und Kommunen immer mehr dazu übergehen, notwendige soziale Maßnahmen unter einen Finanzierungsvorbehalt zu stellen – entsprechend Kassenlage. Sozial ist dann das, was übrig bleibt. Denn Sparen müssen wir ja alle. Und gespart wird immer mehr mit Hilfe einer Ausschreibungspraxis, bei der die Kosteneinsparung entscheidet und die Qualität nachrangig ist.

Wir diskutieren das alles in einer Zeit der Rekordbeschäftigung, in einer Zeit, in der die Steuern sprudeln. Was aber wird passieren, wenn die Konjunktur mal nicht so rund läuft, wenn die Zahl der Beschäftigten schon allein auf Grund des demographischen Wandels abnimmt?

Der nötige Paradigmenwechsel

Wir brauchen deshalb dringend einen Paradigmenwechsel. Wir müssen endlich damit aufhören, dass wir das Soziale primär als Kostenfaktor sehen, der uns über den Kopf wächst. Wir sollten vielmehr stolz sein auf das Geld, das wir für Soziales ausgeben. Denn es ist gut investiert. Davon profitieren die, die es auch wirklich brauchen. Davon profitiert eine ganze Gesellschaft. Denn große soziale Ungleichheit führt unweigerlich zu mehr Gewalt und schwächt die Demokratie.

Auf dem Kirchentag 2015 ist das deutlich geworden, dass Stuttgart auch deshalb eine vitale und auch wirtschaftlich erfolgreiche Stadt ist, weil sie vor allem von Offenheit und Toleranz geprägt ist. Weniger von massiver sozialer Ungleichheit. Das ist alles andere als selbstverständlich und dafür müssen wir in Zukunft nicht weniger, sondern mehr tun.

Die Botschaft der Propheten hatte und hat bis heute immer zwei Kerne: Die Kritik am Götzenkult, an der Verehrung alles Geschöpflichen, alles Materiellen und das leidenschaftliche Plädoyer für Schalom, für Gerechtigkeit, für Regierende, die sich Gott und den Menschen gegenüber verantwortlich wissen.

Und: die Botschaft der Propheten richtete sich zuerst und vor allem an das eigene Volk. Deshalb hoffe ich, dass Sie das bisher Gesagte auch als Bürger, als Mitverantwortliche gehört haben.

Diakonische Hausaufgaben

Jetzt will ich Sie aber auch als Diakoniker und Christen ansprechen. Wir sind nicht die Guten. Die, die alles besser wissen und alles besser machen. Wer Kritik übt, der setzt sich ja dieser Gefahr aus, als Gutmensch und Moralapostel abgekanzelt zu werden. Nein, wir sind nicht die Guten. Wir sind Teil dieser Gesellschaft, wir sind Teil dieses Sozialstaates. Wir sind präsent auf dem Markt und beugen uns mehr oder weniger bereitwillig seinen Regeln. Häufig haben wir diese Regeln schon längst verinnerlicht. Das merkt man vor allem dann, wenn auch innerdiakonisch heftig konkurriert statt kooperiert wird. Das merkt man auch daran, wie wir den Kostendruck konsequent nach unten durchgeben und gerade bei denen am meisten sparen, die am wenigsten verdienen.

Wir sind also Teil des Systems und werden auch so in der breiten Öffentlichkeit wahrgenommen. Sonderrechte und Sonderwege wie beim Arbeitsrecht oder bei der Gemeinnützigkeit werden deshalb immer weniger gesellschaftlich akzeptiert. Wir brauchen uns deshalb nicht wundern. Wir müssen auch nicht immer reflexartig zum Gegenangriff ausholen, wenn andere uns an unseren eigenen Maßstäben und Leitbildern messen. Wir sollten ihnen dankbar sein. Als Fremdprophetie wird das schon im Alten Testament gewürdigt.

Wir sind also Teil des Systems, haben uns die Marktlogik zu eigen gemacht im harten Kampf ums wirtschaftliche Überleben.

Wir sind Teil des Systems, aber wir gehen nicht im System auf. Oder wie das Johannesevangelium es formuliert: In der Welt, aber nicht von der Welt. Wir sind auch Teil des Reiches Gottes. Wir sind Teil der Gesellschaft, aber wir sind auch ihr Gegenüber. Weil wir uns durch Gott verpflichtet wissen, die Menschen dieser Welt zu lieben, ganz praktisch, ganz im Sinne ihrer von Gott gegebenen Würde.

Im täglichen Erleben – am PC, am Telefon, in der Sitzung, im Auto, an der Werkbank, am Pflegebett oder in der Gemeinschaftsküche – da ist uns diese diakonisch-geistliche Dimension oft nicht bewusst. Da sind wir permanent damit beschäftigt, wie wir mit den vorhandenen Mitteln und Ressourcen unsere Arbeit erledigen. Oder damit, wie wir diese Mittel und Ressourcen auch erhalten.

Dem ständigen Anpassungs- und Optimierungsdruck haben wir aber nur dann etwas entgegenzusetzen, wenn wir uns immer wieder ganz bewusst herausnehmen aus diesem von der Marktlogik bestimmten System. Wenn wir uns bewusst hineinbegeben in das andere System des Reiches Gottes, wenn wir die dort vorhandenen Ressourcen auch nutzen. Nur so ist es möglich, dass die Achtung menschlicher Würde mehr ist als rhetorische Übung und Marketingstrategie. Nur so ist es möglich, dass eine produktive Widerständigkeit entsteht, wie sie die Propheten des Alten Testaments und Jesus gelebt haben. Nur so ist es möglich, die Dinge differenziert und in ihrem großen Zusammenhang zu sehen. Die großen gesellschaftlichen Veränderungen wurden in der Vergangenheit von Menschen auf den Weg gebracht, die sich der Logik des Jetzt und Heute, der Logik des Status Quo verweigert hatten, weil sie eine andere Logik verinnerlicht hatten, weil sie überzeugt waren und überzeugen konnten, dass es anders, dass es besser geht. Dass Geld und Macht nicht die entscheidenden Steuerungsinstrumente sein müssen, sondern dass Liebe, Klugheit und Respekt viel weiter sehen und viel weiter tragen.

Ich wünsche mir, dass wir diese Tiefendimension diakonischer Arbeit viel intensiver wahrnehmen. Auch deshalb, weil wir immer mehr Mitarbeitende haben, die diese Tiefendimension gar nicht oder nur wenig kennen.

In unserer Kritik an den politischen und gesellschaftlichen Strukturen geht es nicht darum, dass wir uns besser im Markt platzieren wollen. Unsere Kritik muss vielmehr getragen sein von einer Leidenschaft für das Reich Gottes, von einer Leidenschaft für die Menschen.

Nie waren wir so wohlhabend wie heute – Traum und Raum vom guten Leben?

Gabriele Kraft

Den Satz „Nie waren wir so wohlhabend wie heute!" höre ich nun schon eine ganze Weile immer wieder und tatsächlich: Die OECD attestiert der Bundesrepublik in ihrem diesjährigen Bericht, dass wir gut durch die Krise gekommen sind. Nur: gilt das für alle Menschen in unserem Land?

Der Paritätische Wohlfahrtsverband beschreibt und dokumentiert in seinem jüngsten Armutsbericht eine deutliche Zunahme von Armut in der BRD und spricht von ca. 12,5 Millionen Menschen, die von Armut direkt betroffen sind.

Auf die nach der Veröffentlichung aufgebrachte Diskussion, der sich die Sozialwissenschaftler gerne annehmen, nämlich die Unterscheidung zwischen absoluter und relativer Armut, möchte ich hier nicht eingehen. Für mich ist vielmehr entscheidend, ob es Menschen in unserem Land gelingt, für sich selbst und die eigene Familie sorgen und gleichberechtigt am gesellschaftlichen Leben teilnehmen zu können. Kann ich das verwirklichen, auch wenn ich meinen Job verliere, krank werde oder sich mein Partner von mir trennt, wenn also eine der häufigsten Ursachen für Armut realer Bestandteil meines Lebens wird? Wobei kein Dach über dem Kopf zu haben wohl die extremste Form einer sozialen Notlage ist. Wie kann das in unserer wohlhabenden Gesellschaft passieren? Wir wissen, dass gerade auch die Kombination aus Langzeitarbeitslosigkeit, Räumungsklagen wegen Mietschulden, Suchtkrankheit oder familiären Zerwürfnissen Ursachen für

Wohnungsnot und Obdachlosigkeit sein können. Betroffene beschreiben ihre Situation häufig als eine Spirale von Misserfolgen, Scheitern, Verarmung und Ausgrenzung. Und das sind nicht gerade wenige Menschen. Für 2016 ist mit einer Zahl von weit mehr als 300.000 betroffenen Menschen zu rechnen.

Die wohl größte Herausforderung besteht darin, für wohnungslose Menschen ein wirksames Maßnahmenpaket zu schnüren und gesetzlich zu verankern. Seit Schröders Agenda 2010 ist „Fördern und Fordern" das Fundament des verwaltungsrechtlichen Handelns. Ich höre unsere Politiker immer wieder sagen, dass es gälte, Armut zu verhindern und Armut abzubauen. Dass dies eine zentrale gesellschaftliche und sozialpolitische Herausforderung sei.

Es wäre gut, würden die Komplexität als auch die Wechselwirkungen der in der Wohnungslosenhilfe einschlägigen gesetzlichen Normen nicht zulasten derer gehen, die unserer Hilfe bedürfen. Es muss doch das gemeinsame Gesamtziel sein, ein Leben in der Gemeinschaft zu ermöglichen. Das geschieht in der Wohnungslosenhilfe durch Vermittlung einer dauerhaften Wohnform, die den Bedürfnissen der Betroffenen angemessen ist.

Es müssen aber auch Arbeitsgelegenheiten erhalten oder geschaffen werden. Diese müssen für den Personenkreis gerecht und geeignet sein. Nur so können Betroffene wieder Perspektiven entfalten. Wir stellen fest, dass wohnungslose Menschen in besonders hohem Maße von Arbeitslosigkeit betroffen sind. Die berufliche Integration als auch die Teilhabe durch Arbeit und Beschäftigung ist eine der großen Herausforderungen.

Die Maßnahmen des SGB II sind auf die Integration in den allgemeinen Arbeitsmarkt ausgerichtet. Sozial-integrative Zielsetzungen, die für Menschen mit komplexem und langfristigem Hilfebedarf angemessen wären, werden kaum angeboten oder entwickelt. Soziale und berufliche Integration des Einzelnen kann immer dann gelingen, wenn ein breites und differenziertes Angebot vorgehalten wird, das auf die Bedürfnisse, Fähig- und Fertigkeiten des Hilfesuchenden Rücksicht nimmt. Um dies sicherzustellen, müssten die dem SGB II eigenen aktivierenden Maßnahmen so gestaltet werden, dass sie auch von Menschen in besonderen Schwierigkeiten angenommen werden können. Die sogenannten Sofortangebote dürfen nicht zu Überforderungen des Leistungsberechtigten führen und mögliche Eingliederungserfolge nicht durch Sanktionen gefährdet werden.

Das Bundesverfassungsgericht hat in seiner richtungsgebenden Entscheidung im Februar 2010 (Az. 1 BvL 1/09) ausgeführt, dass die sogenannte Regelleistung das sozio-kulturelle Existenzminimum darstellt. Mir stellt sich im Zusammenhang mit Leistungskürzungen bei Pflichtverstößen grundsätzlich die Frage, inwieweit es sich mit der Menschenwürdegarantie und dem Sozialstaatsgebot vereinbaren lässt, dass der zuständige Leistungsträger einen Gestaltungsspielraum eingeräumt bekommt, den konkreten Leistungsanspruch des Bürgers zu bewerten. Artikel 1 des Grundgesetzes gewährt das Grundrecht auf ein menschenwürdiges Existenzminimum. Das Sozialstaatsgebot, das wir aus Artikel 20 GG kennen, erteilt dem Gesetzgeber den Auftrag, jedem Bürger ein menschenwürdiges Existenzminimum zu sichern. Das Bundesverfassungsgericht hat 2010 klar formuliert, dass der gesetzliche Leistungsanspruch „stets den gesamten existenznotwendigen Bedarf jedes individuellen Grundrechtsträger" decken muss. Daraus folgt, dass es bei der Verteidigung der Menschenwürde und des Sozialstaats keinen Gestaltungsspielraum geben kann.

Auf die Wohnungslosenhilfe bezogen brauchen wir also das Aussetzen der bisherigen Sanktionspraxis, insgesamt ein größeres Verständnis und ausreichendes Budget für diesen Personenkreis.

Gebraucht wird aber auch die Anerkennung der §§ 67 ff. SGB XII als eigenständige und nicht der Eingliederungshilfe nachrangige Leistung. Das heißt in den einschlägigen Paragraphen muss ein Hilfeanspruch formuliert werden, der speziell auf besondere Lebensverhältnisse reagiert, die mit sozialen Schwierigkeiten verbunden sind. Dieser Hilfeanspruch soll eigenständig und parallel zu anderen Hilfen bestehen. Der Anspruch nach §§ 67 ff. SGB XII ist kein Auffangbecken für Regelhilfen der Eingliederungshilfe, die aus welchen Gründen auch immer nicht greifen. Vielmehr geht es um die individuellen Bedarfe, die sich aus besonderen Lebensverhältnissen ergeben, also aus der Wechselwirkung zwischen der Abweichung von gesellschaftlicher Normalität im sozialen Leben einer Person und ihren sozialen Schwierigkeiten.

Ich meine, wir müssen uns fragen, auf welcher Seite wir stehen, was wir verteidigen – die Menschen oder den Wohlstand? In Markus 14, Vers 7 lesen wir: „Arme habt ihr allezeit bei euch, und wenn ihr nur wollt, könnt ihr ihnen Gutes tun." Was drückt dieser Vers aus?

Ich lese eine Verpflichtung der Gesellschaft zur bedarfsgerechten Unterstützung der Menschen, die unserer Hilfe bedürfen, es heißt aber vor allem auch, dass wir den Menschen, die arm und von der Gesellschaft ausgegrenzt sind, Respekt entgegenbringen. Dass wir immer wieder mehr soziale Gerechtigkeit einfordern und zwar unabhängig davon, ob unsere Politiker erklären, dass es „uns" gut geht und dass alles andere ein „Jammern auf hohem Niveau" ist. Wir dürfen nicht zulassen, dass arme Menschen in der Bundesrepublik mit armen Menschen in Afrika verglichen werden. Das ist ein Vergleich von Äpfeln und Birnen – das geht schlicht nicht. In der Bundesrepublik sind Wohnen, Energie, Essen, Kleidung praktisch eine Selbstverständlichkeit, in afrikanischen Ländern ist das an vielen Stellen leider ein Luxus. Wir sollten also nicht über unseren Kulturkreis hinaus die Bedingungen vergleichen, sondern dem Fakt, dass die deutsche Gesellschaft immer stärker in arm und reich gespalten wird, entgegentreten, indem wir uns an das Sozialstaatsgebot erinnern, das uns verpflichtet, Armut für seine Bürger zu verhindern und zu vermeiden.

Friedrich Schiller sagte: „Würde des Menschen. Nichts davon, ich bitt euch. Zu essen gebt ihm, zu wohnen. Habt ihr die Blöße bedeckt, gibt sich die Würde von selbst". Daraus ergibt sich von selbst, was es grundgesetzlich heißt, dass die Würde des Menschen unantastbar sei.

Der soziale Wohnungsbau ist noch immer im Dornröschenschlaf und der Wohnraum im Rahmen der sozialrechtlichen Angemessenheitsgrenzen verknappt sich immer weiter. Menschen, die ihre Wohnung verlieren, werden in der Öffentlichkeit nur wenig wahrgenommen und haben häufig keine politische Lobby.

Gleichwohl ist für eine immer größer werdende Zahl von Menschen bezahlbarer Wohnraum nicht mehr erreichbar. Der Zugang zu angemessenem Wohnraum steht für Haushalte mit geringem Einkommen in vielen Regionen Baden-Württembergs grundsätzlich in Frage. Die Zunahme von Niedrigeinkommen und der Anstieg prekärer Beschäftigungsverhältnisse verschärfen zudem die Situation auf dem Wohnungsmarkt. Auch der starke Anstieg der Energiekosten in den vergangenen Jahren verschärft die Situation der betroffenen Menschen und Familien.

Im Zuge der Föderalismusreform wurde die soziale Wohnraumförderung mit Wirkung vom 1. September 2006 vom Bund auf die Länder übertragen. Der Bund stellt den Ländern jährlich rund 500 Millionen Euro für diesen Zweck zur Verfügung, wobei dies in Zahlen ausgedrückt für Baden-Württemberg ca. 75 Millionen Euro für den Doppelhaushalt 2015/16 sind. Das hört sich viel an, relativiert sich allerdings, wenn man weiß, dass die Stadt Wien für die Schaffung von bezahlbarem Wohnraum 2014 700 Millionen Euro vorsah. Das Pestel-Institut aus Hannover hat in seiner Untersuchung 2012 festgestellt, dass in Baden-Württemberg 500.000 Sozialwohnungen fehlen.

Das 2015 wahrscheinlich am häufigsten genutzte Wort „Reformen" beinhaltet leider neben dem Erhalt eines florierenden Wirtschaftsmodells auch explodierende Armut, steigende Selbstmordraten, Wohnungslosigkeit und Ausgrenzung aus unserer wohlhabenden und gebildeten Gesellschaft.

Wir brauchen in der Bundesrepublik eine Mindestversorgung, die differenzierte Hilfeangebote für Betroffene schafft, die ausreichend sozialen Wohnraum zur Verfügung stellt, die Teilhabe am gesellschaftlichen als auch beruflichen Leben möglich macht. Wir brauchen ein Bildungssystem, das nicht nur für Kinder gerecht und durchlässig ist, deren Eltern es sich leisten können, und das die allseits behauptete Chancengleichheit gewährleistet. Vor allem aber brauchen wir ausreichend Empathie, um Martin Luthers Aussage „Unser Nächster ist jeder Mensch, besonders der, der unsere Hilfe braucht", auch zu leben.

Unbehaust – unversorgt – unwillkommen: Plädoyer für einen unverstellten Blick auf bettelnde Menschen in Deutschland

Stefan Gillich

Die Geschichte der Bettelei ist die Geschichte der Armut. Die Not armer Männer, Frauen und Kinder dauert an. Sie schrumpft und wächst qualitativ im Auf und Ab von Konjunktur und Krise. Armut kam in allen Phasen der Menschheitsgeschichte vor. Sie findet sich beispielsweise in den schriftlichen Überlieferungen der großen Religionen. Der Umgang und die gestalterische Darstellung sind dabei stets Ausdruck der zeitgenössischen Sichtweise, der Problemwahrnehmung und ihrer Interpretation, spiegeln jedoch nicht zwangsläufig die gesellschaftliche Realität. Zeitströmungen sind erkennbar, die durch Anteilnahme am Schicksal der Armen, teilweise durch Solidarität mit ihnen, gekennzeichnet sind. Nicht immer werden die Ursachen der Armut thematisiert, zumindest aber werden nicht zwangsläufig die Armen „an den Pranger gestellt". Im Gegensatz dazu stehen Auffassungen, die Armut aus unterschiedlichen Gründen als bedrohlich empfinden für das Gemeinwesen und dazu übergehen, nicht die Armut, sondern die Armen zu bekämpfen. Milde Formen dieser Vorgehensweise finden sich in der Erziehung und Pädagogisierung, verschärfte Formen in Ausgrenzung und Vertreibung, in der Verweigerung von Teilnahme am Leben in der Gemeinschaft oder durch Stigmatisierung.[1]

---

1 Weiterführende Literatur zu diesem Thema im Besonderen: Landwehr/Baron 1983; Sachße/Tennstedt 1980, 1988, Simon 2001.

Nach der Massenarmut der Weltwirtschaftskrise und am Ende des zweiten Weltkriegs versprachen der beginnende Sozialstaat und das Wirtschaftswunder, Armut endgültig zu beseitigen. Die damit verbundene Ideologie führte zu einer Ignoranz der Armut, welche diese Erscheinungsform aus dem Bewusstsein verdrängte und es besonders schwer machte, Armut zu erkennen und Lösungsansätze zu entwickeln. Mit der „Therapeutisierung der Sozialen Arbeit" (Gillich 2010: 56), die in einer Wechselbeziehung mit ihrem Selbstverständnis und ihrer Haltung in die Gesellschaft hineinwirkte, wurde der Einzelne als Störer definiert, den es zu behandeln gilt. Dieses Verständnis hält bis heute an.

Mit der Erweiterung der Grenzen der Europäischen Union und den Wirtschaftskrisen nimmt das Betteln zu. Mit Vertreibung und Flucht aus überwiegend außereuropäischen Krisengebieten kommen 2015 ca. eine Million Menschen nach Deutschland auf der Suche nach einer sicheren Bleibe. Insbesondere in größeren Städten ist Betteln eine sichtbare und zunehmende Erscheinung. Passanten reagieren unterschiedlich: Manche fühlen sich gestört, andere nehmen die Erscheinung als Herausforderung an. Menschen stehen vor Fragestellungen wie: Warum betteln Menschen? Ist Betteln rechtens? Soll ich den Menschen Geld geben oder nicht? Helfe ich damit oder schade ich eher? Solche Fragestellungen drücken die Unsicherheit aus, was richtiges und was falsches Verhalten ist. Sie stellt den Fragenden zugleich selbst in Frage. Soll ich tolerieren, dass andere anders leben? Was stört mich: das sichtbare Elend, die Herkunft der Menschen oder dass sie etwas auslösen, was Beklemmung und Unsicherheit hervorruft?

1 Individualisierung der Armut

Betteln ist eine alte Erscheinung und Ausdruck der gesellschaftlichen Interpretation und Akzeptanz. Während im Mittelalter die Almosenvergabe eine ethisch-religiöse Verpflichtung war, wird dem Betteln in der frühen Neuzeit zunehmend mit repressiven Maßnahmen begegnet und das Bettelverbot in Deutschland erst 1974 aus dem Strafgesetzbuch gestrichen. Doch es dauert an die Interpretation, der Betroffene sei selbst schuld an seiner Notlage, wolle es gar nicht anders, sei zu faul und zu bequem, um durch seiner Hände Arbeit zur eigenen Existenzsicherung beizutragen. Es dauert an die Reaktion auf diese Not, die Beauftragung von Ordnungsbehörden und Polizei zur sozialen Straßenreinigung und Vertreibung. Es dauert an die Privatisierung öffentlichen Raums (was eine Anzeige wegen Hausfriedensbruchs erleichtert) und die Beschlagnahme des erbettelten

Geldes. Es dauert an die mangelnde Akzeptanz des Gelderwerbs durch Betteln, die Abschottung von Kommunen, die Ablehnung der fremden Bettler und der Zugereisten.

Die gesellschaftliche Reaktion auf wahrgenommene Problemlagen und als Haltung hat Jahrhunderte alte Tradition. Mit der gesellschaftlichen Interpretation des Einzelnen als Störer – verbunden mit dessen persönlicher Schuld, die es zu „behandeln" gilt – wurden die strukturellen Ursachen von Armut und der politische Anspruch der Beseitigung aufgegeben. Das Grundverständnis ist die Individualisierung von Problemlagen. Wer bettelt oder in den Innenstädten herumlungert, stellt die gerechte Ordnung der Gesellschaft in Frage. So finden sich bettelnde Menschen unversehens in der Rolle von Angreifern. Obwohl doch jeder das Gefühl hat, Opfer einer gesellschaftlichen Ausgrenzung zu sein. Das Prinzip der Individualisierung von Problemen wurde im gesellschaftlichen Verständnis und in der Gesetzgebung ausdifferenziert. Den Opfern eines strukturellen Notzustandes (Mangel an Arbeitsplätzen, Mangel an Wohnraum, etc.) werden die Schuld und die Verantwortung für ihre missliche Lage zugeschoben. Die Bedingungen, die zu Verarmung führen, werden nicht (ausreichend) wahrgenommen. Damit wird die Frage nach der Verteilungsgerechtigkeit nicht nur nicht in Frage gestellt, sondern gleich ignoriert. So ist nicht Wohnungslosigkeit das Problem, sondern der wohnungslose Mensch. So ist nicht Einkommensarmut das Problem, sondern der bettelnde Mensch. So ist nicht Krieg und Vertreibung das Problem, sondern der Mensch, der des gewagt und geschafft hat, die deutsche Staatsgrenze zu erreichen.

Als lösungsorientierte Kategorien entwickeln sich Formen der Barmherzigkeit und Privatinitiative, ohne die Besitz- und Verteilungsordnung in Frage zu stellen. Private Wohltätigkeit folgt der abnehmenden Chancengleichheit und der zurückweichenden sozialen Gerechtigkeit nach. Barmherzigkeit ist der unverbindlichere und unpolitische Weg. Thematisiert werden weder Macht noch Recht und Gerechtigkeit in unserer Gesellschaft. Barmherzigkeit fordert auch nicht, dass dem bettelnden Menschen Recht geschehe, wo er es hätte. So ist Barmherzigkeit ein Indiz für nicht verwirklichte soziale Gerechtigkeit und weist dem hilfebedürftigen Menschen auch noch den Platz besonderer Bescheidenheit und Wohlverhaltens zu.

2 Ausgrenzung und sozialer Ausschluss

Bettelnde Menschen sind auf besondere Weise konfrontiert mit Ausgrenzung und sozialem Ausschluss. Ausgegrenzt von einem existenzsichernden Einkommen, ausgegrenzt von der Wohnungsversorgung, ausgegrenzt vom Erwerbsleben, ausgegrenzt von der gesellschaftlichen Alltagsnormalität. Die gesellschaftliche Ausgrenzung wird zudem hart sanktioniert – gerade in Zeiten, in denen Leistung zur zentralen Messlatte erhoben und die Finanzierung des bundesdeutschen Sozialstaates vor dem Hintergrund eines sozialpolitischen Kahlschlags diskutiert wird. Dieser veränderte Blickwinkel wird gesellschaftlich und parteipolitisch flankiert von einer Politik der selbst erklärten neuen Mitte, darauf ausgerichtet, die Stützen der Gesellschaft zu protegieren: die Leistungsträger, Vermögenden und Steuerzahler. Da die Mitte der Gesellschaft nicht zugleich das Ganze sein kann, gibt es die sich vergrößernden Randbereiche der Ausgrenzung wie arbeitslose Menschen, Hartz-IV-Bezieher, Asylbewerber, wohnungslose Menschen. Dabei gilt, dass der Vormarsch der freien Marktwirtschaft auf Ausgrenzung angelegt ist.[2] Wo einem die Probleme über den Kopf wachsen, wächst die Versuchung, sich schlicht und einfach für nicht zuständig zu erklären.

Altbekannte Unterstellungen einer vollumsorgenden sozialen Hängematte, die nur zum Faulenzerdasein animiert, oder der Hinweis „Das Boot ist voll" müssen zur Begründung für Leistungskürzungen bis hin zur Abwehr von Menschen und Leistungserbringung herhalten. Bei dem propagandistischen Trommelfeuer werden Modernisierungsverlierer ins Visier genommen. Es sind die Jugendlichen und Erwachsenen in Armut, Ausgrenzung und Perspektivlosigkeit. Bettelnde Menschen sind konfrontiert mit vielfachen Formen der Benachteiligung: durch die existierende Einkommensarmut, durch die erfahrene und zunehmende Ausgrenzung oder durch Vorurteile, selbst schuld zu sein, nicht wohnfähig zu sein, bloß zum „Schnorren" nach Deutschland eingereist zu sein, keine wirkliche Verbesserung ihrer Notlage zu wollen usw. Verknüpft sind solche Erfahrungen nicht selten mit individueller Hoffnungslosigkeit auf positive Veränderung.

Ausgrenzung stellt einen Prozess dar, in dem sich Menschen von den durchschnittlichen gesellschaftlichen Standards der Lebensführung entfernen bzw. entfernt werden (vgl. Häußermann 2000: 13). Soziale Ungleichheit bedeutet im Wesentlichen, dass es Menschen gibt, welche nicht die gleichen

---

2   In älteren Programmen bundesdeutscher Parteien wird noch von der „sozialen Marktwirtschaft" geschrieben.

Voraussetzungen haben wie andere, um sich zu entwickeln oder ein Leben zu führen, wie es ihren Vorstellungen entspricht. Soziale Ungleichheit wird deutlich an Menschen, die Wohnraum besitzen, und Menschen, die aufgrund eines Mangels an bezahlbarem Wohnraum hohe Mieten entrichten müssen oder überhaupt nicht mit einer Wohnung versorgt sind. Soziale Ungleichheit wird zunehmend deutlich im Verhältnis gut verdienender Einkommensbezieher zu Arbeitslosen, bei Jugendlichen, die keine Chancen haben auf eine den Lebensunterhalt sichernde Berufsbiographie, oder bei kranken Menschen, die sich die notwendige medizinische Versorgung nicht (mehr) selbst leisten können. Soziale Ungleichheit wird deutlich bei Menschen, die über ein gesichertes Einkommen in ausreichender Höhe verfügen, und Menschen, die ihren Lebensunterhalt lediglich durch Pfandflaschensammeln oder Betteln sichern können. Soziale Ungleichheit wird auch deutlich bei Menschen, die einen gesicherten Aufenthaltsstatus haben, und Menschen, denen eine Abschiebung drohen kann oder die sich ohne gesicherten Rechtsstatus in Deutschland aufhalten.

Zu den Formen sozialer Ungleichheit gehört die Unterscheidung von Zugehörigkeit (Teilhabe) und Ausschluss (oder Ausgrenzung). Soziale Ausgrenzung ist die extremste Form von sozialer Ungleichheit. Dabei geht es um Teilhabe an bzw. den Ausschluss von den wichtigsten gesellschaftlichen Funktionsbereichen. Subjektiv geht es um die Erfahrung der Zugehörigkeit und sozialen Anerkennung (getreu dem Motto: ich gehöre dazu) oder um das Gefühl der Nutzlosigkeit und Überflüssigkeit. Bei unverstelltem Blick auf gesellschaftliche Realitäten ist festzustellen, dass Ausschluss und Ausgrenzung wieder zu einem gesellschaftlichen Problem geworden sind, nachdem es schon gelöst schien. Geredet werden muss auch von einer Wiederkehr der Armut, von Chancenlosigkeit vieler Menschen, von ihrer „Überflüssigkeit" und von einer neuen gesellschaftlichen Spaltung in ein Drinnen und ein Draußen.

3 Lebenswelten der Armut

Bettelnde Menschen sind in allen Lebensbereichen in hohem Maße unterversorgt und ausgegrenzt. Unter allen Bevölkerungsgruppen sind beispielsweise wohnungslose Menschen diejenigen, die von Verachtung, Isolation und sozialer Benachteiligung am stärksten betroffen sind. Gleichwohl sind wohnungslose Menschen keine homogene Gruppe, sondern befinden sich in unterschiedlichen persönlichen, sozialen und ökonomischen Lebenslagen. Doch niemand wird als Bettler geboren. Es gibt keine darauf festgelegte oder disponierte Persönlichkeit. Bettelnde Menschen können nicht isoliert von anderen Problemstellungen und Entwicklungen wie Arbeitslosigkeit, soziale Isolation, Krankheit, Vertreibung und Flucht gesehen werden. In den Blick der verstärkten ordnungsrechtlichen Disziplinierung und Bestrafung geraten Menschen, die Probleme machen, weil sie Probleme haben. Menschen, welche durch die bestehenden institutionellen Hilfeangebote nicht oder in nicht ausreichendem Maß erreicht werden können bzw. keine Rechtsansprüche geltend machen können. Die Problemlagen und ihre Auswirkungen wie Armut oder Desintegrationsprozesse schaffen dabei in Verbindung mit krisenhaften persönlichen Lebensumständen für die Betroffenen eine fast ausweglose Situation.

4 Betteln als Überlebensstrategie

Hunger macht keine Ferien. Betteln ist kein Vergnügen. Wieviel für die Existenzsicherung täglich zusammenkommt, bleibt ungewiss. Für Berufstätige ist es kaum vorstellbar, mit nichts jeden neuen Tag beginnen zu müssen: ohne Geld in der Tasche, ohne Wohnung, ohne ausreichende Sozialversicherung, ohne Kleidung und Nahrung. Und doch sind im Jahr 2014 in Deutschland ca. 335.000 Menschen wohnungslos. Davon leben 39.000 Menschen gänzlich auf der Straße, nächtigen in Tiefgaragen, Abbruchhäusern oder auf Abluftschächten – mit steigender Tendenz. Prognostiziert werden bis 2018 ca. 536.000 wohnungslose Menschen in Deutschland (vgl. Bundesarbeitsgemeinschaft Wohnungslosenhilfe 2015).[3] Der Kampf ums Überleben erfordert Kenntnisse und Kniffe. Eine wesentliche Voraussetzung für das Betteln ist die Anpassung. Ohne Konzession an die potentiellen Geldgeber geht der Bettler leer aus. Das kann ein passendes Schild sein, ein „aktives Schnorren", bei dem Menschen direkt angesprochen werden, eine Demutshaltung, ein Hund an der Seite o.ä. Unter wohnungslosen Menschen gilt das Betteln, das dem Lebensunterhalt dient, als harte Arbeit. Viele Betroffene erhalten keine Sozialleistungen (keine Rechtsansprüche, fehlende Unterlagen, Sanktionen etc.) oder verzichten aus individuellen Gründen auf staatliche Unterstützung (weil sie negative Erfahrungen mit Behörden gemacht haben, weil sie den Aufwand, Sozialleistungen zu beantragen, nicht bewältigen etc.). Menschen weichen auf das Betteln aus und erleben es durchaus als kreative, doch anstrengende Tätigkeit. Die Landespolizei in Überlingen hat einen 56-Jährigen festgenommen, der mit einer seltsamen Visitenkarte bettelnd unterwegs war. Anstatt eines üblichen

---

3 http://www.bagw.de/de/themen/zahl_der_wohnungslosen/ (04.01.2016).

Spruches an der Haustür gab er eine rosarote Karte ab, auf der folgender sinnige Spruch geschrieben stand: „Besten Dank für die zwei Groschen! Sie sind hiermit Mitglied der Schweizer Armee. Ihre kleine Spende wird zum Kauf von Waffen und Munition verwendet; damit werden Löcher in den Schweizerkäse geschossen. Seien Sie kein Limburger und machen Sie keinen unnötigen Stunk um die zwei Groschen! Holen Sie dieselben auf die gleiche Weise zurück, wie ich es tat!" (Der Wanderer 2/1962: 31f). Andere wohnungslose Menschen beschreiben, dass sie jeweils lediglich eine begrenzte Zeit in der Lage sind zu betteln, da sie die verachtenden Blicke von Passanten über einen längeren Zeitraum nicht aushalten.

5   Selbsthilfe

In einer leistungsorientierten Gesellschaft bricht Betteln mit dem System. Armut nimmt nicht nur zu, sondern ist zunehmend sichtbar. Anders als bei Sammlern von Pfandflaschen oder Verkäufern von Straßenzeitungen – denen oftmals eine gewisse Sympathie entgegengebracht wird – rührt Betteln an dem Paradigma, aktiv etwas gegen die eigene Notlage zu tun. Zugleich wird ignoriert, dass Betteln eine Antwort des Individuums auf eine Notlage ist. Soziale Ausgrenzung und Armut erzwingen Formen der Selbsthilfe zum (Über-)Leben ohne gesicherte Existenzgrundlage. So gesehen ist Selbsthilfe der Betroffenen nicht neu. Selbsthilfe ist system-immanent. Wenn sich beispielsweise wohnungslose Menschen aus Folien, Kisten, Hölzern etc. ihre „Platte" bauen, sich folglich Schutz vor Regen und Kälte schaffen, wird diese Tätigkeit nicht verstanden als eine Form der Selbsthilfe, sondern uminterpretiert als Ordnungswidrigkeit, zu deren Verhinderung und Beseitigung die Ordnungsbehörde gerufen wird. Zunehmend werden – im Besonderen in großen Städten – die exklusiv erwünschten Innenstadtbesucher bei ihrer Einkaufstour mit unterschiedlichen Formen des Bettelns konfrontiert. Die Augen sind nicht mehr zu verschließen vor der unbehausten Armut. Bundesweit ähneln sich die Reaktionen auf diese Form der Existenzsicherung. Als Störer der öffentlichen Ordnung ausgeguckt, werden missliebige Personen aus den Innenstädten vertrieben. Als Rechtsgrundlage werden Sondernutzungsverordnungen gestrickt oder ganze Innenstadtbereiche zur privaten Zone erklärt. Betteln ist eine Form der Selbsthilfe. Wenn Menschen ihre individuelle Not durch Betteln überwinden, ist dies die individuelle Selbsthilfe. Es geht dabei um die materielle Sicherung des Alltags und des Überlebens. Menschen betteln darüber hinaus auch um Aufmerksamkeit, die sich nicht allein mit klimpernden Münzen im aufgestellten Becher befriedigen lässt.

6 Andere Lebensformen als Abweichung

Die soziale Umwelt nimmt diese anderen Lebensformen als Abweichung wahr. Die Begegnung mit bettelnden Menschen ruft Betroffenheit und Unsicherheit sowie in zunehmendem Maß Abwehr hervor. Diese Interaktionsprozesse mit der sozialen Umwelt führen für die betroffenen Menschen zu Stigmatisierung und sozialer Ausgrenzung. Ihre Lebenswelt setzt sich zusammen aus der gesellschaftlich benachteiligten Lage, den subkulturellen Überlebenstechniken und dem Hilfesystem. Sie befinden sich in einer Spirale der doppelten Ablehnung. Zum einen durch die Hilfeverweigerung ihrer vorhandenen Problemlagen (z.B. kein Einkommen, keine Wohnung, keine Unterkunft), zum anderen wird der vorhandene Mangel an Ressourcen und das in anderen Situationen durchaus vorhandene Mitgefühl umgekehrt in Vorurteile und Vorwürfe. Toleranz, die anderen gesellschaftlichen Gruppierungen entgegengebracht wird, wird der Gruppe der bettelnden Menschen rigide verweigert.

7 Von der Abkehr selbstbestimmten Handelns

Das Problem armer, bettelnder Menschen ist nicht zwangsläufig ihre „soziale Schwäche" oder das persönliche Defizit, sondern die größere Unfreiheit gegenüber Wohlhabenden. Gleichheit, Freiheit und Beteiligung sind normative Grundlagen allgemeiner Staats- und Bürgerrechte. Selbstbestimmtes Handeln und Partizipation sind bei bettelnden Menschen massiv eingeschränkt. Die Kultur des Reichtums schließt die Bereitschaft zur Verdrängung der Armut mit ein. Schließlich ist „jeder seines Glückes Schmied". Wo immer unsere Gesellschaft öffentlich wird, ob in Fußgängerzonen, in Bahnhöfen, in Cafés, so gibt es doch keinen Ort, an dem Armut nicht unpassend erscheint. Und die sichtbaren Obdachlosen, Bettler, Alkoholiker – die Heruntergekommenen – bleiben Randfiguren, die das Bild von der armutsresistenten Gesellschaft eher bestätigen als widerlegen. Es ist der Anspruch auf ein schönes, lebenswertes, selbstbestimmtes Leben, der in unserer Gesellschaft den Ton angibt. Das Menü kann sich jeder selbst zusammenstellen anhand befriedigender Alternativen. Die neue Polarität ist nicht die materielle Polarität des neunzehnten Jahrhunderts zwischen arm und reich. Das neue Gegensatzpaar lautet nun arm und selbstbestimmt. „Arm sein bedeutet Exkommunikation" (Schulze 1996: 56) von der Massenreligion des schönen, interessanten Lebens. Umso mehr trifft dies für bettelnde Menschen zu. In einer wohlhabenden Gesellschaft, die den Anspruch erhebt, sozial, gerecht und demokratisch zu sein, muss zunehmende Armut, ebenso wie zunehmender Reichtum, öffentlich gerechtfertigt sein. Dies geschieht primär über das Dogma, wonach Leistung belohnt werden soll, wonach es den Leistungsträgern besser gehen soll als den weniger Leistungsfähigen. Diese werden als „Leistungsverweigerer" oder als „Sozialschmarotzer" diffamiert. Die Leistungsideologie ist das wesentlichste Mittel zur Legitimation von sozialer Ungleichheit (vgl. Kreckel 1992: 97).

8 Bürger oder Bettler – Bürger und Bettler?

Der Begriff „*Bettler*" steht als Synonym für wohnungslose, unbehauste und unversorgte Menschen. Sie haben einen „unbefestigten Wohnsitz", im Bundespersonalausweis attestiert als „ohne festen Wohnsitz". Sie sind Bürger in dem Sinne, dass auch ihnen formal alle Menschenrechte und Bürgerrechte des Grundgesetzes zustehen. Diese sozialen Rechte sind kein Akt der Barmherzigkeit und kein Gnadenbrot. Die sozialen Rechte und die damit verknüpfte Möglichkeit der Rechtsdurchsetzung sind gewissermaßen der Prüfstein, ob Bettler zugleich vollwertige Bürger unserer Gesellschaft sind. Ob ihnen folglich die gleichen Rechte zugestanden werden und ob sie die gleiche Möglichkeit wie alle anderen haben, ihre Rechte einzuklagen und durchzusetzen. Da sind erhebliche Zweifel angebracht. Schließlich ist die Durchsetzung von Menschenrechten zugleich eine Machtfrage.

Für wohnungslose Menschen beispielsweise ist das *Wahlrecht* nicht selbstverständlich. In vielen Kommunal- und Landtagswahlen werden wohnungslose Menschen „ohne festen Wohnsitz" gesetzeswidrig nicht in das Wählerverzeichnis eingetragen und durch dieses Verfahren von der Teilnahme an Wahlen ausgeschlossen. Dabei hält sich der überwiegende Anteil wohnungsloser Menschen an den Orten auf, an denen sie ihre Wohnung verloren haben. Wohnungslose Bürger, die unter besonders schwierigen sozialen Bedingungen leben müssen, haben zugleich besonders hohe bürokratische Hürden zu überwinden, um ihr Wahlrecht wahrnehmen zu können.

Die Freiheitsrechte des Einzelnen können nicht zur Disposition gestellt werden. Dann kann es auch nicht angehen, wenn kommunale Bettelverbote erlassen werden. Die Gesellschaft muss die Anwesenheit auf dem Bürgersteig sitzender Menschen, die in Not geraten sind und an das Mitleid und an die Hilfsbereitschaft von Passanten appellieren, ertragen. Dies ist eine Erscheinungsform des Zusammenlebens, die hingenommen werden muss und nicht generell als ein sozial abträglicher und damit polizeiwidriger Zustand gewertet werden kann.[4] Bürgerrechte sind unteilbar. Bürgerrechte einlösen heißt auch politische Rechte aktiv wahrzunehmen. Dies kann jemand, dessen grundlegende soziale und materielle Absicherung gegeben ist. Bei wohnungslosen Menschen ist dies nicht gegeben. Gleichwohl sind wohnungslose Menschen zugleich und immer Bürger dieser Gesellschaft. Sie sind Bürger ohne Wohnung, entkommunalisiert und von der sozialen Teilhabe oft sehr weitgehend ausgeschlossen (vgl. Gillich/Keicher 2012).

9 Selbstausgrenzung als selbsterfüllende Prophezeiung

Vorurteile und Stereotypen und die damit verbundene Diskriminierung haben Auswirkungen auf die Betroffenen selber. Thomas Mann (1913) hat dies in den Bekenntnissen des Hochstaplers Felix Krull folgendermaßen beschrieben: „Armut, heißt es wohl, ist keine Schande, aber es heißt nur so, denn sie ist den Besitzenden höchst unheimlich, ein Makel halb, und halb ein unbestimmter Vorwurf, im ganzen also sehr widerwärtig und zu unangenehmen Weiterungen mag es führen, sich mit ihr einzulassen." Sich nicht mehr leisten zu können, was für andere „normal" ist, bestimmt zu einem entscheidenden Maß das Gefühl „im Abseits zu stehen". Bettelnde Menschen leben in einer Umwelt, die ihnen ausgrenzend, ablehnend, desinteressiert, aggressiv, doch selten hilfsbereit und wohlwollend begegnet. Die Angst vor Diskriminierung ist latent. Viele versuchen ihre Situation zu verschleiern, weichen aus, ziehen sich zurück und fürchten, von Bekannten erkannt zu werden. Identität und Selbstwertgefühl der Betroffenen sind einem permanenten Druck ausgesetzt. Einsamkeit und Resignation nehmen zu. Ausgrenzung bedeutet soziale Isolation, verbunden mit Macht- und Perspektivlosigkeit. Weil Ausgrenzung auch meint, „nicht mithalten zu können" oder sich nicht leisten können, was für die Mehrheit normal und selbstverständlich ist, stellen sich in einer kumulativen Abwärtsspirale Reaktionsweisen ein wie Scham, Minderwertigkeitsgefühle oder Resignation. Das individuelle Gefühl wird verstärkt, sozial ins Abseits geraten zu sein.

---

4 Weiterführende Literatur Hecker 1998; Schenke 2009.

Verhaltensformen der Verteidigung, Abwehr oder Täuschung werden benötigt, um ein gewisses Selbstwertgefühl und eine (eingeschränkte) Selbständigkeit zu erhalten. Die Rolle des Außenseiters wird mit einem Hauch von Selbstbewusstsein gespielt. Die Situation kann so weit gehen, dass bettelnde Menschen aufgrund dieses Drucks die Zuschreibung annehmen, sie verinnerlichen und sich selbst als die Person sehen, als die sie von ihrer Umwelt beschrieben werden. Wir können davon ausgehen, dass tief sitzende Vorurteile und Stereotype die Ausgangsbasis für Diskriminierung bettelnder Menschen in allen Lebensbereichen sind.

10 Null-Toleranz als Handlungsstrategie

Unter dem Paradigma „Sicherheitsnetz" werden Abweichungen im öffentlichen Raum unnachgiebig verfolgt. Die Verknüpfung von Sicherheit und Sauberkeit ist ein verhängnisvolles Bündnis und endet in der Regel in einer Vertreibungspraxis, die sich gegen Personen richtet anstatt sich mit den sozialen Ursachen und den Rahmenbedingungen zu beschäftigen. Adressaten der Vertreibungspolitik sind insbesondere wohnungslose und bettelnde Menschen oder Drogenkonsumenten. Dazu gehört auch die Kriminalisierung von Graffiti-Sprayern oder das Schikanieren jugendlicher Migranten durch Ordnungsbehörden.

Das politische Klima hat sich in den neunziger Jahren in der Bundesrepublik geändert. Innerhalb des Sicherheitsdiskurses hat es bereits in den siebziger Jahren eine Verschiebung gegeben: von der „Sozialen Sicherheit" zur „Inneren Sicherheit". Die staatliche und kommunale Sozialpolitik orientiert sich nicht mehr an dem Leitmotiv der „sozialen Gerechtigkeit", sondern ist Teil der Ordnungspolitik. Runde Tische oder Präventionsräte sind Teil dieser neuen Sicherheitspolitiken. Um das beeinträchtigte Sicherheitsgefühl wieder zu stärken, stellte der damalige Innenminister Kanther 1997 der Öffentlichkeit die „Aktion Sicherheitsnetz" vor, die u. a. eine konsequente Verfolgung auch von Bagatelldelikten wie Ladendiebstahl und Graffiti vorsah.

Der „Broken Windows"-Ansatz in New York Anfang der 1980er Jahre bot die inhaltliche Begründung für die ordnungs- und sicherheitspolitischen Verschärfungen.[5] Zusammengefasst geht es darum: Wird in einem Wohngebiet eine zerbrochene Fensterscheibe in einem leer stehenden Haus

---

5 Formuliert wurde der „Broken Windows"-Ansatz von James Q. Wilson und George L. Kelling. Unterstützt von William Bratton, der zwischen 1992 und 1994 das New Yorker Police Department leitete, wurde der Ansatz vom konservativen

nicht sofort repariert, sind schon bald alle Fenster eingeschlagen. Dann fängt die Gegend zunehmend an zu vermüllen, Bettler und Obdachlose kommen und zum Schluss die Dealer und Drogenkonsumenten. Wenn man dies also verhindern will, darf erst gar keine Unordnung entstehen. Übertragen heißt dies, dass der Kampf gegen Schwarzfahrer, Bettler und Obdachlose eng mit dem Kampf gegen Schwerstkriminalität verknüpft ist, denn so Bratton: „Wer in der Subway einen Raubüberfall vorhat, kauft sich keinen Fahrschein" (Spiegel 28/1997: 49). Schwarzfahrer sind nach diesem Verständnis potentielle Taschendiebe oder Raubmörder. Oder wie es der ehemalige Innensenator von Berlin und Innenminister von Brandenburg formulierte: „Wo Müll ist, kommen die Ratten. Und wo Verwahrlosung herrscht, ist auch Gesindel" (Spiegel 28/1997: 53). Deshalb dürfe die Gesellschaft keine Toleranz in diesen Bereichen üben. So wurde „Null-Toleranz" zum Schlagwort für eine Politik in der Bundesrepublik, die sich gegen Schwarzfahrer, die Graffiti-Szene, gegen bettelnde und wohnungslose Menschen, gegen Drogenabhängige oder jugendliche Migranten richtete. Der „Broken Windows"-Ansatz kam gerade recht, um die sicherheitspolitischen Verschärfungen, die geplant waren, inhaltlich zu begründen. Wir sollten nicht vergessen: Es geht nicht nur um die Dose Bier auf dem Bürgersteig oder die Spritze auf dem Kinderspielplatz, sondern immer auch um die Menschen, die diesen Abfall hinterlassen haben.

11 Kriminalisierung und Vertreibung

Das drastische Eindampfen der Wohlfahrt zwingt zur Repression gegenüber all jenen Personengruppen, die als Opfer der Leistungsgesellschaft ausgeguckt sind. Je weniger das kulturelle und soziale Existenzminimum gewährleistet ist, je weniger gerecht die Sozialleistungen einer reichen Gesellschaft ausfallen, umso schlagkräftiger muss ihr Sicherheits- bzw. Gewaltapparat sein. Verteilungsgerechtigkeit als Grundverständnis und Klammer dessen, was die Gesellschaft zusammenhält, wird dem Verdikt einer Leistungsgerechtigkeit untergeordnet und als veraltet gebrandmarkt (gerecht ist, nur Leistung zu belohnen).

Kriminalisierung ist verwoben mit Ausgrenzung und kommt für die betroffenen Menschen in vielen Formen daher. Ein Beispiel ist der öffentliche Raum, in dem sich – häufig notgedrungen – Jugendliche, Drogenkranke, wohnungslose Menschen, Asylsuchende, Aids-Kranke, Fußballfans, Pro-

---

Bürgermeister Giuliani Anfang der neunziger Jahren in einem groß angelegten „Säuberungsprogramm" umgesetzt – bis heute ohne empirisch nachgewiesenen Erfolg.

stituierte aufhalten. Festzustellen ist ein Sicherheitswahn, der den öffentlichen Raum der Zivilgesellschaft diszipliniert. So stark und so umfassend wie selten zuvor wird heute in Ballungsräumen gefilmt, mitgeschnitten, festgehalten und dokumentiert. Das Abbilden dient der Distanzierung und der Sicherung dieser Distanz, der Abschreckung ebenso wie der Bestrafung. Zonierte Aufenthaltsplätze und abgeschirmte Sonderplätze für die begehrten Gewinner des Modernisierungsprozesses sind auf dem Vormarsch. Da ist kein Platz mehr für Modernisierungsverlierer mit erzwungenem halbnomadischem und bettelndem Existenzverhalten.

Seit Mitte der 1990er Jahre kann eine deutliche Zunahme von Regulierungstechniken ausgemacht werden: eine starke Zunahme von Gefahrenabwehrverordnungen und Straßensatzungen, öffentliche und private Überwachungskameras sowie Bemühungen der Bundesländer, ermächtigende Landesgesetzgebung so zu modifizieren, dass die in gerichtlichen Verfahren festgestellten Unzulässigkeiten, beispielsweise pauschaler Alkoholkonsumverbote oder Bettelverbote, auf eine rechtliche Grundlage gestellt werden.[6] Eine stark ideologisierte Debatte um „Kriminalprävention" trägt zur Legitimation repressiver Maßnahmen bei.

Nicht selten haben Politik und Verwaltung die Auseinandersetzung mit der Armut in einen Kampf gegen die Armen verwandelt. Die sichtbare Armut in Deutschlands Kommunen wird optisch verbannt durch Sondernutzungs- und Bettlersatzungen bzw. Alkoholverbot für bestimmte Gruppen auf öffentlichen Plätzen. Berichtet wird, dass erbetteltes Geld beschlagnahmt oder Bußgeld verhängt wird und beschlagnahmte alkoholische Getränke vernichtet werden. Die „Nassreinigung" von Plätzen, d.h. gezieltes, großflächiges Wässern von Aufenthaltsbereichen Wohnungsloser, um den Aufenthalt unattraktiv zu machen, trägt ebenso zur Verdrängung bei wie rechtlich problematischer Verbringungsgewahrsam oder regelmäßig ausgesprochene Platzverweise gegen „missliebige" Personen. Bettelnde Menschen werden ordnungspolitisch drangsaliert und sind Ordnungsbehörden, der Polizei und privaten Sicherheitsdiensten ausgeliefert, die sich im Rahmen ihrer Tätigkeit auf bestehende Verordnungen, Gesetze oder das Hausrecht berufen. Im Zusammenhang mit der Diskussion über Sicherheitsdefizite und steigende Kriminalität in deutschen Städten werden die Lebenslagen einkommensarmer und wohnungsloser Menschen zunehmend kriminalisiert. Doch der Armut ist mit ordnungsrechtlichen

---

6 Weiterführende Literatur Wolfgang Hecker (2012) und weitere Veröffentlichungen des Autors.

Maßnahmen nicht beizukommen. Vertreibung durch Gefahrenabwehrverordnungen ist keine Lösung.

12 Die Würde des Menschen ist antastbar

Im Betteln bekommt das Elend ein Gesicht. Es wird konkret und verbleibt nicht im Abstrakten. Bettelnde Menschen ziehen sich in ihrer Hilfebedürftigkeit nicht zurück in die Unsichtbarkeit: Sie setzen sich der Ignoranz und der Verachtung aus. Betteln ist das sichtbare Bekenntnis, auf Zuwendung und Unterstützung angewiesen zu sein. Wer bettelt, ist arm. Gerade wer arm ist, hat ein Recht auf Hilfe unter den Leitbildern von Wertschätzung, Toleranz, Respekt und Weltoffenheit. Trotz ungleicher Macht- und Kräfteverhältnisse gilt es – auch vor dem Hintergrund der Menschenwürde – jeden Menschen als seinesgleichen wahrzunehmen, anzunehmen und zu achten. Dies gilt insbesondere für Menschen, die in erdrückenden Bedingungen verstrickt sind. Es gibt Formen der Zuwendung und Freigiebigkeit, die Schwächere nicht erniedrigen.

Leidenschaftlich setzt sich bereits 1797 Friedrich Schiller mit der Würde des Menschen auseinander. Würde entsteht, wenn der Mensch seine geringsten Bedürfnisse befriedigen kann. „Würde des Menschen. Nichts mehr davon, ich bitt euch. Zu essen gebt ihm, zu wohnen, habt ihr die Blöße bedeckt, gibt sich die Würde von selbst" (ders. S. 438). Wir kennen ihn alle, den ersten Satz von Artikel 1 des Grundgesetzes der Bundesrepublik Deutschland: Die Würde des Menschen ist unantastbar. Auch bettelnde Menschen sind grundrechtlich geschützt – selbst wenn sich einige Menschen daran gewöhnt haben, bestimmte Grundrechte als Luxus zu betrachten. Doch Grundrechte sind keine freiwillige Zugabe, kein Akt der Barmherzigkeit, die nur unauffälligen „Normalbürgern" zustehen. Insbesondere soziale Randgruppen sind auf die Verwirklichung ihrer Grundrechte angewiesen. Das Wesen des Privatlebens liegt ja gerade darin, dass es sich einer gesellschaftlichen Bewertung nicht aussetzen lassen muss. Jedem Menschen steht das Recht auf freie Gestaltung der Lebensführung zu.

13 Schutzlosigkeit verstört

Bettelnde Menschen geraten in einen Zustand, der sie herkunfts- und namenlos macht. In ihrer nach außen getragenen Erniedrigung und Verwundbarkeit wird Verhandelbares und Kalkulierbares aufgebrochen: Schutzlosigkeit verstört. Alle Menschen verbindet der Wunsch, dass ihnen Gutes – und nicht Unrecht oder Gewalt – geschieht, unabhängig von Geschlecht. Ethnie oder Religion. Der Anblick eines bettelnden Menschen ist immer zugleich auch eine Anfrage an den Sehenden.

14 Den Nächsten im Blick

Betteln ist kein strafrechtlicher Tatbestand. Bettelnde Menschen sind grundrechtlich geschützt. Grundrechte stehen nicht nur unauffälligen „Normalbürgern" zu, sondern insbesondere „sozialen Randgruppen". Jedem Menschen steht das Recht auf freie Gestaltung der Lebensführung zu und in Deutschland hat jeder Mensch einen Anspruch hat auf Sicherung seiner Existenzgrundlage. Besondere Aufmerksamkeit erfährt das sog. „organisierte Betteln", wobei es sich insbesondere um Menschen aus südosteuropäischen Ländern handelt. Schnell wird eine Form des Bandenwesens unterstellt. Dies geht an der Lebenssituation vorbei. Ignoriert wird, dass sich Menschen Mittel für ihre Existenzsicherung beschaffen. Man kann auch nüchtern analysieren, dass es eine jeweils individuelle Antwort auf strukturelle Gegebenheiten in Europa ist: Armutsfragen lassen sich nicht mehr allein nationalstaatlich lösen. Dies zeigt auch die aktuelle Erkenntnis, dass viele Menschen in Deutschland als Flüchtlinge einen festen Aufenthaltsort suchen und dafür eine weite und gefahrvolle Reise auf sich genommen haben. Wir werden uns an den Anblick bettelnder Menschen gewöhnen müssen. Denn die Erstaufnahme von Flüchtlingen ist lediglich die eine Seite der Medaille. Die andere Seite: Spätestens dann, wenn das Erstaufnahmeverfahren abgeschlossen ist, werden die Asylbewerber auf die einzelnen Gebietskörperschaften verteilt. Es ist Aufgabe der Gebietskörperschaften, Flüchtlinge menschenwürdig unterzubringen. Doch wie kann dies geschehen bei einem leergefegten Wohnungsmarkt? Bundesbauministerin Barbara Hendricks (SPD) hat im Herbst 2015 angekündigt, dass 350.000 Wohnungen pro Jahr nötig seien, da mehr und mehr Flüchtlinge nach Deutschland kommen. Andere einkommensschwache Gruppen benötigten ebenfalls Wohnungen, die sie bezahlen könnten. Hendricks forderte, dass der soziale Wohnungsbau mehr gefördert werden müsse.[7] Von einem noch höheren Wohnungsbedarf geht das Pestel-Institut in einer Studie aus, die es im Auftrag des Bündnisses Sozialer Wohnungsbau erstellt hat. Demnach werden in Deutschland bis 2020 jährlich 400.000 neue Woh-

---

7 dpa 09.09.2015 in: Handelsblatt online http://www.handelsblatt.com/politik/deutschland/fluechtlingskrise-hendricks-fordert-mehr-bezahlbaren-wohnraum/12297432.html (05.01.2016).

nungen benötigt. Von diesen neu zu bauenden Wohneinheiten müssten 80.000 preisgebundene Sozialwohnungen sein. Die aktuelle Situation auf dem Wohnungsmarkt hinkt dramatisch hinter dem Bedarf hinterher.[8]

In Diensten und Einrichtungen der Freien Wohlfahrtspflege werden Beratung und passgenaue Hilfen angeboten – von Beratungsstellen, Tagesaufenthalten, aufsuchender Sozialarbeit oder medizinischer Nothilfe bis zum Angebot von verschiedenen Wohnformen. Gemeinsam mit dem Hilfesuchenden werden Perspektiven entwickelt, um die Notlage zu mildern bzw. zu überwinden. Die Angebote sind freiwillige und niederschwellige Leistungen. Es liegt in der Entscheidung der Person, ob Angebote angenommen oder abgelehnt werden. Hilfeverbände, wie der „Evangelische Bundesfachverband Existenzsicherung und Teilhabe (EBET) – Wohnungsnotfall- und Straffälligenhilfe e.V.", stehen in der Tradition christlicher Armenhilfe. Dabei steht fest: Armenhilfe, die sich auf die christliche Überlieferung beruft, kann Herrschaft von Menschen über Menschen nicht legitimieren. Dies gilt auch für Herrschaft in Gestalt des eigenen Helfers.

15 Über richtiges und falsches Verhalten

Warum schnorrt die junge Frau vor der Sparkasse? Ist sie überhaupt berechtigt, sich in Deutschland aufzuhalten? Warum arbeitet sie nicht, anstatt in Demutshaltung aufs Pflaster zu starren? Wer einen Menschen fragt und zuhört, kann leichter Verständnis aufbringen. Dann kann plausibel werden, was zuvor abstoßend wirkte. Dann erfährt der Zuhörende, dass Heroin den Körper kaputt gemacht hat, dass der Tod von Familienangehörigen nicht verkraftet wurde, dass Scham den Gang zur Behörde versperrt. Wer einen Menschen fragt, was ihm fehlt, kann ihm die Unterstützung und die Hilfe geben, die er will und nach eigenen Vorstellungen benötigt. Es ist das Wissen um die eigene Begrenzung, nicht zu wissen und bestimmen zu können, was gut und richtig für den „Schwächeren" ist. Dieses Verständnis bewahrt uns zugleich vor der Gefahr der Besserwisserei und Bevormundung. Die Haltung erinnert daran, dem Anderen und Fremden mit Respekt und Wertschätzung zu begegnen.

Vor diesem Hintergrund lässt sich die oft gestellte Frage, was nun richtiges und was falsches Handeln ist, ob beispielsweise bettelnden Menschen Geld gegeben werden soll oder nicht, eindeutig beantworten. Es gibt kein

---

8 http://www.zeit.de/wirtschaft/2015-09/deutschland-wohnungsmarkt-pestel-institut-studie (05.01.2016); http://www.pestel-institut.de/themenbereiche/wohnungs-markt/ (05.01.2016). Vgl. auch Stellungnahmen des Dt. Mieterbundes.

richtiges und kein falsches Handeln. Es gibt den Schenkenden, der frei ist sich selbst zu entscheiden, der sich anrühren und sich im Innersten bewegen lässt, folglich nach Situation und Intuition entscheidet. Und es gibt den Beschenkten, der frei ist, das Geld für die nächste Übernachtungsmöglichkeit oder in Alkohol umzusetzen, sich davon Essen zu kaufen oder den Hund zu versorgen.

Literatur

Der Spiegel (1997): Titelheft: Gegen Verbrechen, Drogen und Dreck in deutschen Städten. Aufräumen wie in New York? Heft 28/1997.

Der Wanderer (1962): Mitteilungsblatt zur Förderung der Nichtseßhaftenfürsorge, Berichte und Nachrichten, Heft 2/1962, Beilage der „Blätter der Wohlfahrtspflege".

Gillich, Stefan (2010): Anmerkungen zu einer am Sozialraum orientierten Wohnungslosenhilfe, in: Gillich, Stefan / Nagel, Stephan (Hrsg.) (2010): Von der Armenhilfe zur Wohnungslosenhilfe – und zurück?, Gründau-Rothenbergen, S. 52–67.

Gillich, Stefan / Keicher, Rolf (Hrsg.) (2012): Bürger oder Bettler. Soziale Rechte von Menschen in Wohnungsnot im Europäischen Jahr gegen Armut und soziale Ausgrenzung, Wiesbaden.

Häußermann, Hartmut (2000): Die Krise der „sozialen Stadt", in: Aus Politik und Zeitgeschehen B 10–11/2000, S. 13–21.

Hecker, Wolfgang (1998): Die Regelung des Aufenthalts von Personen im öffentlichen Raum. Rechtsgutachten für die BAG Wohnungslosenhilfe, Bielefeld.

Hecker, Wolfgang (2012): Die neuere Rechtsprechung zu den Themen Alkoholkonsum, Betteln, Lagern und Nächtigen im öffentlichen Raum, in: Gillich, Stefan/Keicher, Rolf (Hrsg.) (2012): a.a.O., S. 121–149.

Iben, Gerd (1988): Obdachlosigkeit und Wohnungslosigkeit Alleinstehender und ihre sozialpädagogischen Konsequenzen, in: Specht, Thomas/Schaub, Manfred/Schuler-Wallner, Gisela (Hrsg.) (1988): Wohnungsnot in der Bundesrepublik – Perspektiven der Wohnungspolitik und -versorgung für benachteiligte Gruppen am Wohnungsmarkt, Reihe Materialien zur Wohnungslosenhilfe Heft 7, Bielefeld, S. 16–32.

Iben, Gerd (1989): Zur Definition von Armut, in: Blätter der Wohlfahrtspflege (1989): " ... wessen wir uns schämen müssen in einem reichen
Land ...": Armutsbericht des Paritätischen Wohlfahrtsverbandes für
die Bundesrepublik Deutschland, 136 Jg. Heft 11 u. 12, S. 276–279.

Koller, Ferdinand (Hrsg.) (2012): Betteln in Wien. Fakten und Analysen
aus unterschiedlichen Wissenschaftsdisziplinen, Wien, Berlin.

Kreckel, Reinhard (1992): Politische Soziologie der sozialen Ungleichheit,
Frankfurt/M., New York.

Landwehr, Rolf/Baron, Ruediger (Hrsg.) (1983): Geschichte der Sozialarbeit, Hauptlinien ihrer Entwicklung im 19. und 20. Jahrhundert,
Weinheim/Basel.

Sachße, Christoph/Tennstedt, Florian (1980): Geschichte der Armenfürsorge
in Deutschland. Vom Spätmittelalter bis zum 1. Weltkrieg, Stuttgart,
Berlin, Köln, Mainz.

Sachße, Christoph/Tennstedt, Florian (1983): Bettler, Gauner und
Proleten. Armut und Armenfürsorge in der deutschen Geschichte. Ein
Bild-Lesebuch, Frankfurt/M.

Sachße, Christoph/Tennstedt, Florian (1988): Geschichte der Armenfürsorge
in Deutschland. Fürsorge und Wohlfahrtspflege 1871 bis 1929, Band
2, Stuttgart, Berlin, Köln, Mainz.

Schenke, Wolf-Rüdiger (2009): Polizei- und Ordnungsrecht, Heidelberg.

Schiller, Friedrich (1797): Distichon Würde des Menschen, in: Gesammelte
Werke, Bd. 3, Gütersloh 1976, S. 438.

Schulze, Gerhard (1996): Kontrapunkt: Armut in der Kultur des Reichtums,
in: Hengsbach, Friedhelm / Möhring-Hesse, Matthias (Hrsg.) (1996):
Eure Armut kotzt uns an! Solidarität in der Krise, Frankfurt/M.

Simon, Titus (2001): Wem gehört der öffentliche Raum? Zum Umgang
mit Armen und Randgruppen in Deutschlands Städten, Opladen.

Kommunale Erfahrungen im Umgang mit bettelnden Menschen aus Osteuropa

Bettina Wilhelm

Ende 2011 fiel auf den Straßen von Schwäbisch Hall erstmals eine Gruppe von BettlerInnen auf, die scheinbar koordiniert an belebten Punkten der Haller Straßen und Gassen um Geld bettelten. Schnell gab es Beschwerden und den Verdacht des organisierten Bettelns, der sich so nicht bestätigte. Sowohl die Polizei als auch der städtische Vollzugsdienst gingen gegen die Gruppe vor, indem den Bettlern z.T. das Geld abgenommen wurde. Die Meinungen in der Bevölkerung gingen und gehen auch heute noch weit auseinander: Die einen sehen in der Gruppe eine organisierte Bettelei, die anderen sehen die Armut und wissen um den sozialen und kulturellen Hintergrund der aus der Slowakei stammenden Menschen. Auch der Haller Gemeinderat befasste sich Anfang 2012 mit dem Thema und sprach sich mehrheitlich für eine Duldung der Gruppe – innerhalb der zum Beispiel in der Polizeiverordnung festgelegten Regeln zum Betteln und Musizieren – aus. Dies war der Auftakt für die Verwaltung, den Kontakt zur Gruppe zu suchen.

Um den Menschen, die mehrheitlich aus dem slowakischen Dorf Kalosa stammen, dort zur ungarisch sprechenden Minderheit gehören und sich selbst als Roma bezeichnen, kurzfristig und genauso nachhaltig zu helfen, bedarf es einer Doppelstrategie. Diese beinhaltet einmal die Hilfe in der Heimat, um die dortigen Lebensverhältnisse zu verbessern und möglichst nachhaltige Perspektiven mit den Verantwortlichen zu erarbeiten.

Insbesondere die Versorgung mit Trinkwasser und die Entsorgung des Abwassers stellen die Verantwortlichen vor große Probleme. Durch Reisen in die Slowakei und Gespräche mit dem Bürgermeister des Ortes und der Kreisstadt konnten erste Kontakte geknüpft und wichtige Eindrücke gewonnen werden. Inzwischen hat sich ein loses Netzwerk aus Kirchen, Bürgerschaft, Verwaltung, Serviceclubs gegründet, um den Menschen zu helfen.

Gleichzeitig beinhaltet die Hilfe für die BettlerInnen, aber auch deren Unterstützung hier in Schwäbisch Hall in sozialen Belangen: Ein Mindestmaß an Grundversorgung ist dabei unerlässlich, wie zum Beispiel der Zugang zu Mahlzeiten oder im Winter einen Erfrierungsschutz. Dabei wird die Stadt fachlich von der Erlacher Höhe unterstützt. Die Erfahrungen der vergangenen Monate zeigen, dass wir auf einem guten Weg sind. Die Gruppe nimmt diese Hilfe mehrheitlich an und es kam zu keinen besonderen Konflikten. Doch dies ist eben nur ein Anfang. Ein anderer Schwerpunkt war das kostenlose Angebot der Volkshochschule, an einem festen Nachmittag in der Woche Deutsch zu lernen. In den kalten Monaten stieß diese Initiative auf eine überraschend positive Resonanz.

Das Thema Bettler aus der Slowakei wird Schwäbisch Hall noch länger beschäftigen. Die Stadt, die Kirchen, die sozialen Einrichtungen und die engagierte Bürgerschaft gehen hier neue Wege, die bereits jetzt über die Stadtgrenzen hinaus auf viel Beachtung und erfreulich positive Resonanz gestoßen sind. Für die Stadtverwaltung ist das oft ein schmaler Grat, der auf der einen Seite die Bettler in sozialen Belangen unterstützt und auf der anderen Seite das Einhalten von Regeln aktiv vermittelt und einfordert. Ich sehe das Betteln in der Zwischenzeit als erfolgreiches Geschäftsmodell, das aber nur an bestimmten Plätzen in der Stadt funktioniert, womit sich die Zahl der Menschen von alleine begrenzt. Ich kann besser mit dem Betteln umgehen, seit ich auf die Menschen zugehe, wenn möglich, ein Schwätzchen halte oder mindestens freundlich grüße.

Als weltoffene und multikulturelle Stadt möchte sich Schwäbisch Hall auch bei diesem Thema von seiner offenen Seite zeigen. Dies geht aber nur, wenn alle Kräfte zusammenarbeiten und sowohl die Betroffenen selbst als auch die Bürgerschaft aktiv mitwirken. Ein Weg ist dabei, den Betroffenen ein Gesicht zu geben und ihnen Wege zu ermöglichen, um die Demutshaltung zu verlassen. Ein schwieriges Unterfangen, für das es kein Erfolgsrezept gibt.

Begegnungen in einer Stadt – oder: im Armen den Menschen und Jesus selbst erkennen

Wolfgang Engel

In Rufweite meines Büros höre ich bisweilen die Musik derer, die auf den Obolus der vorbeiziehenden Passanten angewiesen sind. Zwischen melodischen Weisen, die an Lehars Melodien erinnern, und modernen Stücken ist alles dabei. Schönes und auch Anstrengendes, wie bei so manchen Straßenmusikanten eben.

Bewege ich mich selbst in der Stadt Schwäbisch Hall, begegne ich diesen Musikanten ganz persönlich. In Gesprächen mit ihnen beginne ich zu verstehen, dass das Gefühl Geld nicht ohne Gegenleistung zu bekommen bestimmend ist. Gehe ich die Neue Straße in Richtung Michaelskirche, nehme ich viele bekannte Gesichter am Rande des Weges wahr. Allesamt sitzen sie kniend auf dem Pflaster mit einem Kaffeebecher in der Hand und bitten um eine Gabe. Freundlich grüße ich und erhalte zumeist auch ein Lächeln zurück. Manche erinnere ich an einen Termin auf der Bezirksstelle oder an eine Veranstaltung, die ihnen oder ihrem Bettel-Geschäft gilt. Eigentlich eine gute und praktische Möglichkeit, die Menschen hinter der Demutshaltung zu sehen. Bisweilen sprechen wir auch eine längere Zeit miteinander über die Kälte, die Hitze oder über die unzureichende Schlafmöglichkeit, oft auch über das Leid der Kinder, die Krankheiten in der Familie. Und das natürlich vorn und hinten fehlende Geld. So lasse ich mich immer wieder anrühren und werfe eine Kleinigkeit in den Becher.

Im Übrigen Beträge, die mich nicht arm und die Bettelnden sicher nicht reich machen.

Betteln auf Knien?

Oft werde ich von Mitbürgern gefragt, wie das mit dem Betteln auf Knien einzuordnen sei. Eine Missionsschwester aus der slowakischen Heimat vieler in Hall bettelnder Menschen antwortete mir auf diese Frage in folgender sympathischer Weise:

„Gefreut hat mich natürlich auch besonders, dass unsere ‚schwarzen Schäfchen‘, so nenne ich unsere Roma manches Mal liebevoll, sogar das Knien in der Kirche gelernt haben. – Und es beim Betteln anwenden, um so doch hoffentlich dann auch Erfolg zu haben. Auf jeden Fall sind uns hier gerade die aufdringlichsten Roma ein Beispiel dafür, wie wir ‚aufdringlich‘ und ohne nachzulassen unseren himmlischen Vater um alles Notwendige bitten sollen.“

Also ein funktionierendes Geschäftsmodell mit praktischem Glaubenshintergrund, so die Schwester der Missionsstation. Die Schwester, die auch den katholischen Pastoralreferenten und mich bei unserem ersten Besuch im Dörfchen Kalosa in der Slowakei vorbehaltlos angenommen und versorgt hat.

Bei der Besichtigung des stationseigenen Kleiderladens fielen mir sofort die zahllosen Bananenkisten auf, in welchen die Gaben aufbewahrt werden. Ganz offenbar scheinen sich viele Kleiderläden international dieser ob ihrer Stabilität geschätzten Kartons zu bedienen. So auch unser Brenzlädle in Hall. Und ein Satz fiel mir bei der dortigen Preisgestaltung auf, den ich eher aus den Tiefen des hohenlohischen Raumes kenne: Was nix koschd, isch nix wert!

Die Bemühungen Vieler, die sich in der Stadt Hall für diese Menschen einsetzen, sind nicht gering zu schätzen. Die Verantwortlichen in der Stadt gehen einen guten Weg, indem sie sich der Weltoffenheit dieser Kommune verpflichtet sehen und das Betteln an sich nicht weiter sanktionieren. Die trotz allem auftretenden Probleme werden in Gesprächen zwischen Verwaltung, BettlerInnen und den freien Wohlfahrtsverbänden angegangen. Regeln für den öffentlichen Raum, die für alle Bürger gelten, werden besprochen und kommuniziert.

Und die Mitbürgerinnen und Mitbürger? – Verteilungskämpfe

Viele BürgerInnen geben den Menschen am Wegesrand immer wieder Geld oder etwas zu essen. Bisweilen dürfen Kalosaner auch bei manchen Mitmenschen Zuhause wohnen und vieles andere Mildtätige.

Doch wie gewöhnlich gibt es auch die Schattenseiten dieses Themas. Bettelnde Menschen bringen ihre Kinder mit oder versuchen Tiere *an den Mann* zu bringen. Gewerbetreibende werden durch zu viele Bettler in der Innenstadt in der Ausübung ihrer Geschäfte mehr als vermeidbar gestört. Oder nicht wenige Menschen fühlen sich durch zu viele Bettler schlicht bedroht oder halten es nicht aus, fortlaufend um eine Gabe *angebettelt* zu werden. Und manche Menschen wünschen sich die Ländergrenzen aus früheren Zeiten zurück. In Gesprächen mit wohnsitzlosen Bettlern aus der hiesigen Wohnsitzlosenszene wird zudem deutlich, dass es selbst in diesem Bereich um Verteilungskämpfe geht und der Markt daher „kaputt" sei.

Doch: Die bettelnden Menschen aus Osteuropa sind einfach da und haben als europäische BürgerInnen ein verbrieftes Recht dazu. Wir werden uns sicher daran gewöhnen müssen.

Dass sich auch andere Städte und Einrichtungen mit diesem Thema befassen, macht ein Flugblatt der Diözese Bozen-Brixen (Quelle: Jesuitenkirche Innsbruck) deutlich und bringt es in drei Abschnitten auf den Punkt:

- Bettelnde Menschen stören, weil sie Armut sichtbar werden lassen, die in unserer Gesellschaft sonst verdeckt bleibt. Sie stören, weil wir die Begegnung mit bedürftigen Menschen vermeiden wollen.
- Versuchen Sie im Gegenüber den Menschen zu sehen – unabhängig davon, ob Sie etwas geben oder nicht und wie die Person auf Sie wirkt.
- Letztlich dürfen Sie Ihr Herz sprechen lassen. Sie allein entscheiden, ob und wie Sie helfen wollen.

Wir haben also die einmalige Chance, im Armen den Menschen und Jesus selbst zu erkennen … nutzen wir diese.

Als evangelische und katholische Kirche versuchen wir dies diakonisch zu tun. Indem wir uns mühen, den bettelnden Menschen in Schwäbisch Hall ihre Würde zurückzugeben. Zeitgleich kümmern wir uns um eine nachhaltige Verbesserung der Lebenslagen in Kalosa.

Autorinnen und Autoren

Wolfgang Engel, Diplom-Sozialpädagoge,
leitet seit 1999 die Geschäfte des Evangelischen Verbandes für Diakonie der Kirchenbezirke im Landkreis Schwäbisch Hall (Diakonieverband). Sein besonders Engagement gilt der Arbeit mit Armuts-MigrantInnen.

Stefan Gillich, Diplom-Sozialpädagoge / Dipl. Pädagoge,
Studium der Soziologie, leitet den Bereich Existenzsicherung, Armutspolitik, Gemeinwesendiakonie in der Diakonie Hessen – Diakonisches Werk in Hessen und Nassau und Kurhessen-Waldeck e.V., Frankfurt/M. Er ist stv. Vorsitzender des Evangelischen Bundesfachverbandes Existenzsicherung und Teilhabe (EBET) e.V. – Wohnungsnotfall- und Straffälligenhilfe.

Dieter Kaufmann, Theologe,
ist seit 2009 Vorstandsvorsitzender des Diakonischen Werkes Württemberg und Oberkirchenrat in der Evangelischen Landeskirche in Württemberg. Mitglied des Rates der Evangelischen Kirche in Deutschland, Vorsitzender des Ausschusses für Diakonie im Ev. Werk für Diakonie und Entwicklung e.V.

Dr. Ute Kötter, Juristin,
ist seit 2009 Professorin für rechtliche Grundlagen der Sozialen Arbeit an der Hochschule München, Fakultät für angewandte Sozialwissenschaften. Davor Tätigkeiten am Max-Planck-Institut für Ausländisches und Internationales Sozialrecht, an der Hanse Law School der Universität Bremen, Post Doc an der Universität Utrecht und Professorin an der Fachhochschule Köln. Kötter ist Mitherausgeberin und -redakteurin der „Informationen zum Arbeitslosenrecht und Sozialhilferecht" (info also). Ihre aktuellen Arbeitsschwerpunkte: Recht der sozialen Grundsicherung und Europäisches (Sozial-)Recht.

Gabriele Kraft, Juristin,
leitet seit 2013 die Referate Wohnungslosenhilfe und Schuldnerberatung des Diakonischen Werks Baden. Sie ist in der sozialrechtlichen Fortbildung engagiert und Lehrkraft der Evangelischen Hochschule in Freiburg. Daneben ist sie Redakteurin der Fachzeitschrift „Infodienst Schuldnerberatung" im Bereich Sozialrecht und allg. Verbraucherrecht sowie Mitglied im Fachausschuss „Recht und Finanzierung" des Evangelischen Bundesfachverbandes Existenzsicherung und Teilhabe (EBET) e.V.

Maria Loheide, Diplom-Sozialarbeiterin und Heilpädagogin,
studierte Management für Non-Profit-Organisationen, ist Vorstand für Sozialpolitik bei Diakonie Deutschland/Ev. Werk für Diakonie und Entwicklung e.V. Kernthemen für sie sind u. a. Armut, insbesondere Altersarmut und Armut von Frauen. In ihr Ressort fallen auch die Europa-Arbeit der Diakonie und das Diakonische Institut für Qualitätsentwicklung. Loheide hat u.a. den Vorsitz der Sozialkommission II der Bundesarbeitsgemeinschaft der Freien Wohlfahrtspflege und ist Vizepräsidentin und Mitglied im Präsidialausschuss und Präsidium des Deutschen Vereins und Vorstandsmitglied im AFET.

Peter Masuch, Jurist,
ist seit 2008 Präsident des Bundessozialgerichts. Nach Richterämtern am Sozial- und später am Landessozialgericht Bremen und wissenschaftlicher Mitarbeit am Bundessozialgericht und Bundesverfassungsgericht wurde er 1996 zum Richter am Bundessozialgericht in Kassel ernannt. Zuletzt war er ab Juli 2007 als stellv. Vorsitzender des 7. und 8. Senats für die Bereiche Arbeitsförderung, Sozialhilfe und Asylbewerberleistungsrecht zuständig. Masuch ist Bandherausgeber und Autor des SGB IX.

Wolfgang Sartorius, Diakon und Sozialarbeiter/Sozialpädagoge (B.A.),
leitet seit 1996 die ERLACHER HÖHE. Sartorius ist Mitglied des Vorstandes des Evangelischen Bundesfachverbandes Existenzsicherung und Teilhabe (EBET) e.V. und zweiter stv. Aufsichtsratsvorsitzender der Diakonie Deutschland/Brot für die Welt/Ev. Werk für Diakonie und Entwicklung e.V.

Hans-Ulrich Weth, Jurist,
war von 1982 bis 2013 Professor für Recht, Verwaltung, Politikwissenschaft an der Ev. Fachhochschule für Sozialwesen Reutlingen/Ev. Hochschule Ludwigsburg. Arbeitsschwerpunkte: Sozialrecht, Sozialpolitik, Armut, Wohnungslosigkeit. Weth ist Mitherausgeber und -redakteur der „Informationen zum Arbeitslosenrecht und Sozialhilferecht" (info also). Er ist Vorsitzender des Verwaltungsrats des Diakonieverbunds DORNAHOF & ERLACHER HÖHE e.V. und Mitglied im Fachausschuss „Recht und Finanzierung" des Evangelischen Bundesfachverbandes Existenzsicherung und Teilhabe (EBET) e.V.

Bettina Wilhelm, Sozialpädagogin und Erziehungswissenschaftlerin,
ist Erste Bürgermeisterin der Stadt Schwäbisch Hall seit 2009, u.a. zuständig für Bildung, Kultur, Sport, Soziales, Stadtmarketing. Zuvor Tätigkeiten in Wissenschaft, Lehre sowie fünf Jahre als kommunale Gleichstellungsbeauftragte der Stadt Ludwigsburg.

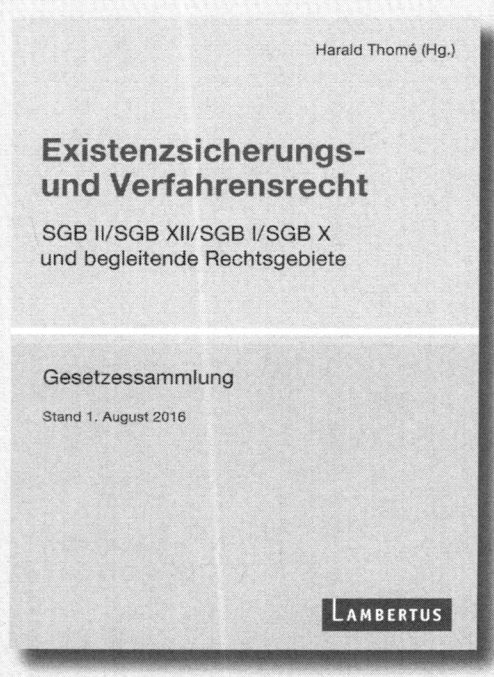

Harald Thomé (Hg.)

Existenzsicherungs- und Verfahrensrechtrecht

SGB II/SGB XII/SGB I/SGB X und begleitende Rechtsgebiete

2016, kartoniert, ca. 800 Seiten

ca. 12,90 €

ISBN 978-3-7841-2853-5

Wer in der Existenzsicherungsberatung rund um das SGB II/SGB XII arbeitet, braucht zur Verteidigung der sozialen Rechte der Klienten fundiertes Wissen um die rechtlichen Grundlagen. Dafür sind auch die begleitenden Verfahrensrechte unabdingbar. Mit dieser - jährlich herauskommenden - Gesetzestextesammlung werden Praktiker immer alle aktuellen und notwendigen Gesetzestexte zur Existenzsicherung, begleitender Rechtsgebiete, bis zu den Verordnungen zur Hand haben.

Im Schwerpunkt geht es um die Regelungen des SGB II/SGB XII und Verordnungen, die notwendigen Regelungen des SGB III, SGB I + X, das SGG, bis hin zum WoGG, aber auch das neue Zahlungskontogesetz bis zum Informationsfreiheitsgesetz.

Die Gesetzessammlung ist aus jahrelanger praktischer Berater- und Fortbildungs-tätigkeit des Autors entstanden und hat sich in der Praxis seit Jahren bewährt. Dank des handlichen Formats ist es das Kompendium für die Sozialberatung.

www.lambertus.de